玉器龙纹饰的起源与演化

王志钟　王晓雪　罗雪雁　⊙　著

中国言实出版社

图书在版编目(CIP)数据

玉器龙纹饰的起源与演化 / 王志钟，王晓雪，罗雪雁著.
-- 北京：中国言实出版社，2023.11
ISBN 978-7-5171-4615-5

Ⅰ.①玉… Ⅱ.①王… ②王… ③罗… Ⅲ.①古玉器
—器物纹饰（考古）—研究—中国 Ⅳ.①K876.84

中国国家版本馆CIP数据核字（2023）第197778号

玉器龙纹饰的起源与演化

责任编辑：史会美
责任校对：王建玲

出版发行：中国言实出版社

　　地　　址：北京市朝阳区北苑路180号加利大厦5号楼105室
　　邮　　编：100101
　　编辑部：北京市海淀区花园路6号院B座6层
　　邮　　编：100088
　　电　　话：010-64924853（总编室）　010-64924716（发行部）
　　网　　址：www.zgyscbs.cn　　电子邮箱：zgyscbs@263.net

经　　销：新华书店
印　　刷：北京中科印刷有限公司
版　　次：2024年1月第1版　　2024年1月第1次印刷
规　　格：787毫米×1092毫米　　1/16　　13印张
字　　数：180千字

定　　价：99.80元
书　　号：ISBN 978-7-5171-4615-5

作者简介

————— 王志钟

1971年生，籍贯山西。毕业于河西学院美术系。2005年任甘肃省收藏协会副会长，2008年任兰州市收藏文化交流协会常务副会长兼秘书长。2014年10月受聘为文化部国家文化市场调查评估中心鉴定专家。2010年1月被评为"甘肃省首届十佳鉴藏家"。多次参加由省、市收藏协会组织的省内外收藏品展览交流、鉴定等活动。多篇研究文章在《兰州日报》《兰州晨报》《收藏界》《东方收藏》《文物鉴定与鉴赏》《艺术品鉴》《收藏快报》等报刊发表。

————— 王晓雪

1998年出生于甘肃省兰州市。2017年考入中国美术学院绘画艺术学院造型艺术壁画专业，取得美术学学士学位。2018年素描作品《男性全身坐像》及《女性全身坐像》被中国美术学院基础教学部收藏。参与发表于期刊的《王玉启祥——商代龙纹饰玉器的艺术特点及演进》《王玉崇礼——西周玉器龙纹饰的艺术特点及演化》《龙纹密码——春秋时期玉器龙纹饰的发展和演变》等文章的插图绘制工作。

————— 罗雪雁

1971年生。1995年毕业于中央工艺美术学院。中国文物学会会员。多篇研究文章在《兰州日报》《兰州晨报》《收藏界》《东方收藏》《文物鉴定与鉴赏》《艺术品鉴》《收藏快报》等报刊发表。

目 录

玉龙的起源

在中国这片广袤的土地上，在文明初现的时期，一种文化类型的形成，大多会伴随着相应的玉文化类型，例如：红山文化、良渚文化、凌家滩文化，齐家文化等。随着考古发现的不断推进，中国玉文化的起源及形成已可以追溯到约一万年前。玉文化成为中华文明的核心文化之一已是不争的事实，并延续至今从未中断过。

国人崇玉爱玉之情根植于心，融于血脉中。龙作为中华民族的图腾，更是自强不息、无所畏惧、不屈不挠的民族精神的体现。我们自认是龙的传人，有崇龙尊龙的传统，制作佩戴龙形玉器成为重要的礼仪典范，历朝历代莫不如此。故研究玉器龙形象的起源、发展及演化，有着极其重要的价值及意义。

第一，龙形玉器自开始制作便从未中断过，历朝历代龙的形象在玉器上都有展现，这是其他任何一类古代器物都不能比拟的，凸显了其传承性。

第二，这些龙形充分反映了历朝历代的审美趋向及艺术水平表现的最高标准，对研究中国古代艺术的哲思背景及发展脉络有极其重要的价值。

第三，古代玉器也是传统文化的具体载体，通过对一件件龙形玉器的深入研究，反映出来的是一段段真实还原的历史文化，有助于我们对中华文明的形成与发展有更加深刻的认识。

本书对中国龙形玉器的起源、发展及演化做了详细的说明和释读，供方家斧正。

一、孕育期的玉龙

　　从目前的考古资料来看，大约 6000 多年前，中国龙形玉器就出现了，较为集中地出现于辽河流域的红山文化玉器中，且数量众多，分布广泛。从目前所掌握的信息来看，红山文化中形象较为显著的龙形玉器分为两大类，按其造型姿态分别命名为"玉玦形龙"和"玉 C 形龙"。此外还有龙首柄形器、带龙首的玉佩等，但因其形象的非典型性，本书不再列举。

　　玉玦形龙在坊间也多被称为"玉猪龙"，因其吻部上噘若猪鼻而得名。其实按其首尾开口的大小而定名为"玉玦形龙"和"玉 C 形龙"应该更为准确。图 1 为玉玦形龙，是目前红山文化考古中发现最多的一种龙形玉器，其形象头大尾小，尾向内卷起，头尾开口且多相衔接，象征孕育中的龙形胚胎。其造型与哺乳类动物胚胎的样子极其相似，可见红山文化玉玦形龙便是在表现孕育中的龙的形象，也正是龙形玉器的起源。

　　图 2 从左到右展示的分别是兔、狗、人的胚胎发育过程，在胚胎孕育的早期，头大尾小，躯体内卷呈 C 形，与玉玦形龙的形态十分相似。

图 1

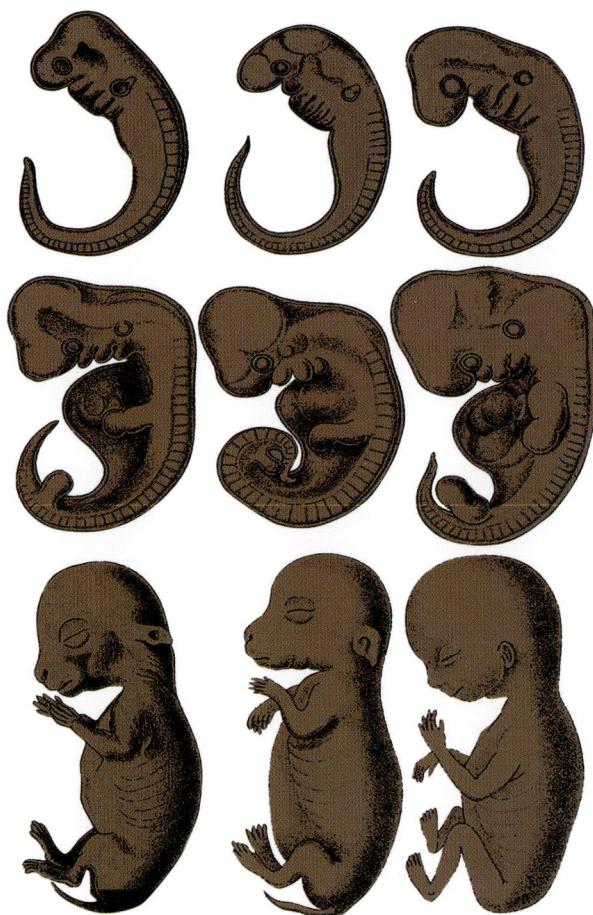

图 2

图 3 这张考古图片所展示的是玉玦形龙出土时的状态，根据其摆放在逝者腹部的位置来看，极可能是示意了正在孕育中的龙形，来于斯而归于斯，因此把玉玦形龙理解为孕育期的龙更加得到证实。

图 3

目前考古出土及博物馆等机构收藏的红山玉玦形龙有 20 多件，随着研究的不断深入，将会有更多民间收藏的红山玉龙得到确认。虽然玉玦形龙形态多类似，都是处在孕育期的玉龙，但若细分，其中还有较大的差异和不同，这显然与制作时期的早晚有关系。下面列举几件不同时期的玉玦形龙进行分析和梳理，以便对玉玦形龙在孕育时期的演化发展有深入的认识和了解。

图 4 这件玉玦形龙出土于内蒙古自治区巴林右旗羊场乡额尔根勿苏，现藏于巴林右旗博物馆。高 16.3cm、宽 11.5cm、中心孔径 3—3.4cm、颈部孔径 0.8cm，是目前考古发现的最大的玉猪龙之一。

图 4

玉龙头尖肚圆，重心偏下，躯体向内蜷曲近似椭圆形，首尾内侧相连接，切口呈 V 形，切割面平整。龙首部双耳呈尖弧状竖起，圆形双眼及嘴鼻用浅阴线刻画而成，嘴部前噘，呈闭合状。颈部有穿系用的对穿圆孔。躯干内卷形成的正中圆孔亦是对钻加工而成，孔径小，反衬出龙躯体肥厚，如同多脂的幼崽。玉质呈墨绿色，夹杂较多黄褐色沁斑。此玉玦形龙的形态符合早期红山玉龙的特征。

图 5 这件青玉玉玦形龙也属早期的玉龙，由天津博物馆收藏。高 12.9cm，宽 9.5cm。与前图玉玦形龙相比较，外观特征几乎一致，五官均用阴线刻画，只是颈部的穿系孔变成了两个。嘴部与尾的开口也采用硬切割工艺，切面平整，切口呈 V 形。局部有土沁，由土沁引起的玉质内部呈现的类似饭糁的次生变化，是古玉中常见的现象。

图 5

图 6 这件是前几年公安机关追缴的红山玉玦形龙，从器形看应属红山文化早期作品，中孔略小，躯体粗壮，首尾衔接处开口平整，五官结构主要用阴线刻画而成。从正面看，两耳张开呈丫形。

图 6

图 7 这件玉玦形龙是早期玉龙中的精品之作，地方玉质，高 15cm，最宽处 10cm，断面最厚处 4cm。在辽宁省朝阳市建平县征集，现藏辽宁省博物馆。

　　玉器表面由于受沁较重，已呈牙黄色。整体如 C 字形，龙首肥大，两耳耸立张开，耳郭内洼，阴线刻画出眼廓及圆睁的大眼，口微张，外露獠牙。鼻凸起，鼻头内洼。龙身光素无纹。首尾切口呈 V 形，外开内连不断。器中圆孔两端钻通而成，颈部有一小圆穿系孔，皆由两面对钻而成。这件玉玦形龙是早期玉龙中工艺极精美的一件，在阴线刻画的基础上，用磨制打洼工艺表现五官轮廓的起伏，使之产生立体效果，可称为早期玉玦形龙的代表之作。

　　图 8 用线描把玉龙勾勒出来，通过标注可以清楚地看到玉龙五官的形状以及微张的嘴中露出的一对獠牙。同时可以感受到雕琢的线条十分优美流畅。图 9 为描绘图。

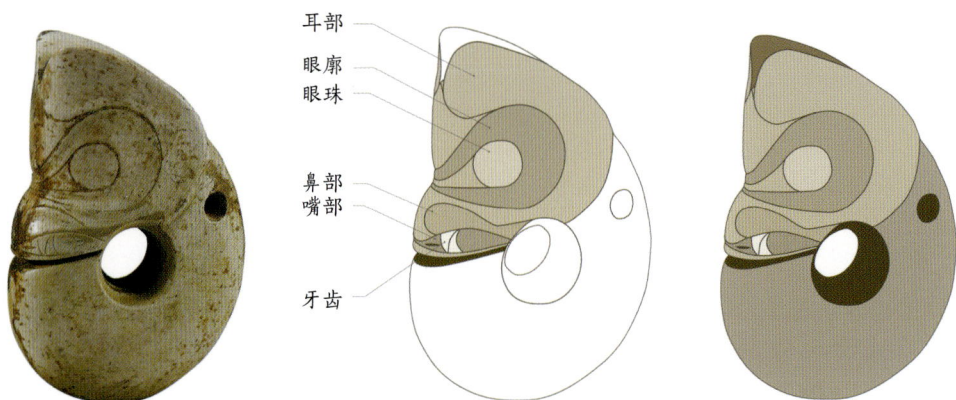

耳部
眼廓
眼珠

鼻部
嘴部

牙齿

| 图 7 | 图 8 | 图 9 |

　　图 10 是北京市文物交流中心收藏的一件红山文化时期的玉玦形龙。2006 年，首都博物馆新馆落成，这件玉玦形龙被借展陈列于历代玉器展厅。该玉龙从五官阴线条勾勒的工艺方式来看应该也归类为红山文化早期类型，但从耳尖已经开始收敛平顺的样子看，应该属于向中期过渡的作品。高 16cm、宽 11cm、厚 3.3cm，玉质细腻温润，具备传世盘玩后玉器所特有的表征。局部有红褐色的沁，过渡自然，龙身躯呈扁圆柱形，向内卷起呈玦形，首尾相接，颈部有两个钻孔，供佩系用。

　　图 11 是正面图，可见玉龙双耳往上向外撇出，呈丫形，双眼在两侧，鼻部突出，呈两个对称的环形，口闭合成一条线。

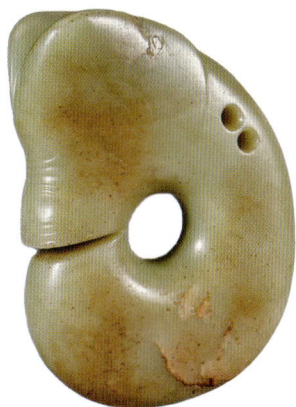

图 10

图 11

　　图 12、图 13 为国内藏家收藏的玉玦形龙首残件,青绿玉质,土沁较为明显,沁色过渡自然。从龙首尖耸的耳部可知应属早期玉玦形龙。

　　由图 13 可见颈部断裂处,正巧位于系孔部位,可以更清晰地看到系孔加工工艺遗留的痕迹:从孔径内小外大的现象可推断出系孔的加工方式是从龙躯体两侧向内钻入。由于缺乏精准定位工具,加之手工钻孔时的不稳定,系孔贯通时产生错位现象;孔道内光泽润亮,可知钻孔时十分缓慢和吃力,这种缓慢的钻磨过程其实也有抛光作用,加之几千年的氧化,使孔道变得润亮;孔道内还遗留了深浅宽窄均不一致的磨痕,可推断出所用解玉砂的提纯度低,这些均为早期玉器加工工艺的基本特征。

图 12

图 13

图 14 这件玉玦形龙通高 14cm、宽 10cm、厚 3cm。于河北省围场县下伙房村出土，现藏于河北省博物馆。器表由于侵蚀呈现土黄色。

这一玉玦形龙整体圆润，耳形不再尖耸，开始平缓起来，这标志着玉龙开始从早期向中期类型过渡转变。玉龙由浅阴线勾画出圆形大眼，鼻微翘，口闭合，首尾衔接处呈 V 形缺口，外开而内连。其正中的圆孔呈喇叭状，背有一小圆孔，供穿系用，皆由两面对钻而成。从图 15 中可见玉龙造型已经有较明显的变圆趋向，躯体的下沉感没有了，重心上移，五官用阴线条勾勒，显得简洁率直。

图 14

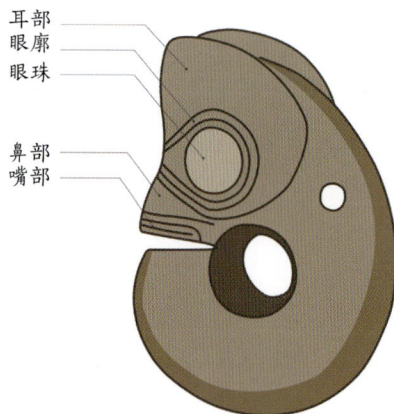

耳部
眼廓
眼珠
鼻部
嘴部

图 15

图 16 这件玉玦形龙由辽宁省文物考古研究院收藏。该藏品是 1984 年牛河梁考古发掘期间，在附近的张福店村收集的。这件玉玦形龙高 14.1cm、宽 10.2cm、厚 4.0cm，一面受土沁呈现土黄色润亮光泽，另一面还保留着玉质原有的状态。

图 17 把玉龙的侧面图描绘出来，以便更清晰地认识玉龙的五官结构。玉龙用宽而深的阴线勾勒，使五官显得更加立体生动，线条也开始简化，整体龙形趋圆，耳部也逐渐收敛不再那么尖耸，与早期玉玦形龙造型已经产生明显的区别，这也正是红山玉龙演化到中期的模样。

图 16

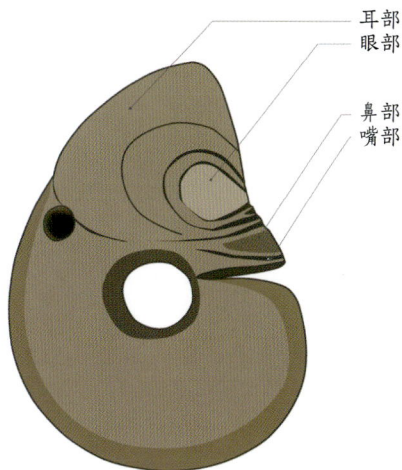

耳部
眼部
鼻部
嘴部

图 17

图 18 所呈现的角度能更清楚地观察玉龙五官造型及细节工艺的特点。

通过图 19 的标注可以清楚地看到玉龙耳部上扬外撇呈丫形，耳外轮廓比早期玉龙平缓圆顺许多，正中背脊耸立，眼眶呈环状凸起。鼻起突，鼻部有两翼，翼面是打洼的，表现嘴部的线条省略掉了，但玉龙尾部加工得更尖细圆润，产生龙嘴含住尾尖的视觉效果。

如图 20 所示，此时的玉玦形龙加工方式已有所变化，阴线加深加宽，五官形态变得更加立体。

图 18

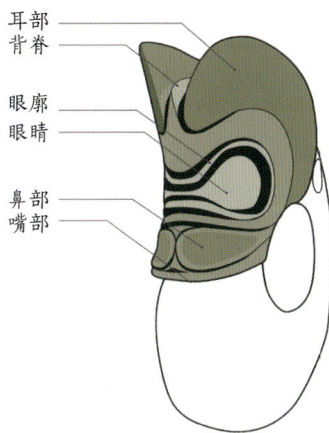

耳部
背脊
眼廓
眼睛
鼻部
嘴部

图 19

图 20

图 21 这件玉玦形龙形体更偏圆，于内蒙古自治区敖汉旗牛古吐乡大五家村西出土，现藏于敖汉旗博物馆。高 5.1cm、宽 5cm，中心孔径1.3cm，颈部孔径 0.5cm。耳较其他玉玦形龙要小且平顺一些，从耳部磨平的部位看，似乎损坏后修饰过，这在古代玉器中也是较为常见的现象。嘴巴闭合，鼻嘴部分前伸较长，眼圆平，用深且宽的阴线雕琢出玉龙的五官轮廓，凸显立体感。玉呈碧绿色，玉质光泽温润，散布有点状白色沁斑，首尾相衔。

通过图 22 的描绘图可以观察到，眼珠依然是平的，似乎还未发育完好。嘴部打洼并用阴线强调，十分明显。颈后部对穿一圆孔。中间孔洞明显扩大，对应的龙身躯干开始变细。

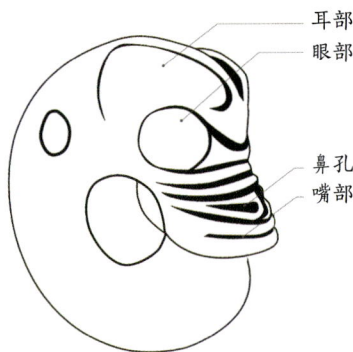

耳部
眼部
鼻孔
嘴部

图 21　　　　　　　　图 22　　　　　　　　图 23

图 24 这件玉玦形龙为内蒙古自治区巴林左旗尖山子遗址出土，现藏于巴林左旗博物馆。高 8.5cm、宽 6.2cm，中心孔径 2.68cm，颈部孔径0.64cm。由于受沁，整体呈现严重白化现象。龙体头部硕大，躯体内卷如环，环径变大，对钻而成，呈喇叭孔形，龙体显得细瘦了许多。首尾已经断开，头尾缺口处呈 V 形。双耳演变为圆弧状竖起，双目有凸起的环状眼眶，眼珠开始凸起，即将发育成熟。颈背处有一对穿系孔。背部有两个并排的刻画符号。

图 24

图 25 这件玉玦形龙于内蒙古自治区敖汉旗萨力巴乡干饭营子出土，现藏于敖汉旗博物馆。高 7.5cm、宽 5.8cm，中心孔径 1.9—2.7cm，颈部孔径 0.3—0.8cm。玉呈墨绿色，躯体卷曲成玦形，双耳呈圆弧状竖起，左耳上部残缺。

这件玉龙形象十分写实，眼珠圆鼓凸起，显然已发育成熟，有怒目圆睁的效果，眼眶如环，鼻部凸起，鼻翼变窄，鼻孔明显，嘴呈闭合状，微微噘着，额顶中部似有凸起，颈后部对穿一圆孔。

通过图 26 我们发现，这件玉龙五官形态雕琢特别立体生动，轮廓边界也非常清晰，玉龙形象威严中透着几分顽皮，充分体现了红山先民崇龙宠龙的复杂情感。

通过图 27 可以看出龙形整体更圆，中间孔洞变大，玉龙躯体变细，这些都是发展到中期时玉玦形龙的重要特征。

耳部
眼部

鼻孔
嘴部

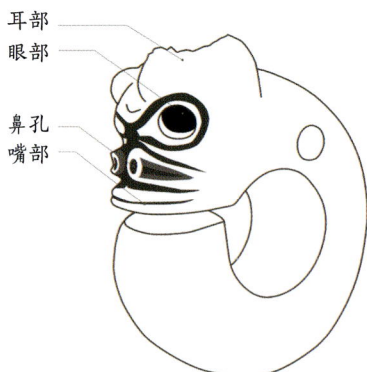

图 25   图 26   图 27

    图 28 这件玉玦形龙于内蒙古自治区敖汉旗下洼镇河西出土，现藏于敖汉旗博物馆。高 7.1cm、宽 5.9cm，中心孔径 1.9cm，颈部孔径 0.6cm，呈黄绿色，局部有绺裂。体形变得更加正圆一些，鼻部微微噘着，嘴闭合，嘴鼻融合在一起，头部耳硕大。躯体宽窄一致，头尾切开不再相接，由于用软性工具切割，形成 V 形开口，切割面留有切割痕，呈现不稳定的状态，体现手工工艺特点。躯干内卷形成的圆孔其实是对钻加工而成，由于手工的不稳定，呈喇叭口状。双目圆睁凸起，颈部有一对穿系孔。这些特征说明玉玦形龙已演化至晚期类型。

图 28

图 29 为大英博物馆收藏的红山文化玉玦形龙，具体尺寸不详。也许是经久盘玩的缘故，玉龙的嘴鼻完全融合，眼部边缘分割也不清晰。对比中期玉猪龙看，耳部又缩小很多，中间孔洞越来越大，对钻加工而成，形似喇叭口，对应的龙躯体在变细，口尾的开口也越来越大，尾尖开始收敛。已经是较为典型的晚期玉玦形龙。

图 29

图 30 这件玉玦形龙出土于内蒙古自治区巴林右旗那斯台遗址，现藏于巴林右旗博物馆。高 6.74cm、宽 5.2cm，中心孔径 3.3cm，颈部孔径 0.8cm。

这件玉玦形龙整体面貌保存较好，耳部变小，圆眼凸起，环形眼眶，嘴鼻凸起，嘴巴紧闭。躯体自头往下逐渐变细，尾尖内卷成玦形，口尾开口。玉呈黄绿色，是较为常见的东北地区所产玉料。通体光素无纹，局部有绺裂。颈部对穿一圆孔，供系佩使用。属晚期玉玦形龙。

通过图 31 的描绘可见整体龙形变化明显，就如同随着幼儿的缓慢生长，原本头大身小的比例关系也不断变化。可以看出头与身躯的比例变得协调多了，育孕已久的玉龙即将蓬勃而出。

图 30

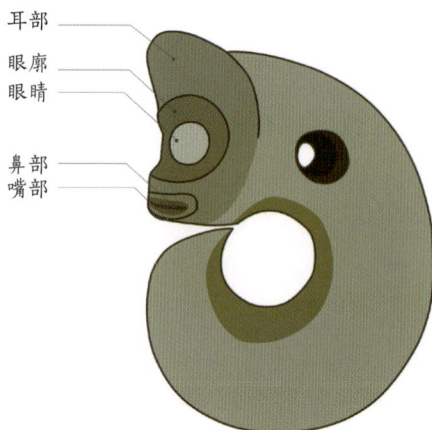

耳部
眼廓
眼睛
鼻部
嘴部

图 31

　　图 32 所示的玉玦形龙，高 4.2cm，最宽处 3.4cm，厚 1.4cm。现由辽宁省博物馆藏。整器由青绿色玉琢制而成。这件玉龙整体形似弯钩，属红山文化玦形龙的晚期类型。龙首变小，给人的整体感觉不再是头大身小的那种不协调，头尾开口在逐渐增大，正中孔洞更大，龙躯体显得细了一些，可以看出其有开始向玉 C 形龙演化的趋势。耳为平缓圆弧，圆眼鼓突，嘴鼻部进一步简化，尾瘦且尖向内卷曲成钩形，耳后系孔为对钻而成，孔口大。玉质大部浸染成黑色，俗称水银沁。

图 32

图 33 的玉 C 形龙，通高 16.8cm、长 7.5cm，颈部孔径 0.8cm。于内蒙古自治区翁牛特旗广德公乡黄谷屯遗址出土，现藏于翁牛特旗博物馆。这件玉 C 形龙形体呈现从玉玦形龙演化而来的状态，首尾的开口张大了，大耳朵不见了，头顶凸起像鬃一样地顺着颈部向后伸长扬起，五官进一步简化，鼻嘴部向前延伸并上翘，嘴用阴线勾勒出，呈闭合状态，前端琢出两个小洞代表鼻孔。双目凸起，呈水滴形，下颌底部有阴刻线纹，尾端呈圆弧状。器体中部略偏上有一钻孔。通体抛光。

图 33

图 34 这件是收藏于故宫博物院的玉 C 形龙，具体尺寸不详。从龙形演化看，开口张大，躯体变细，首尾粗细一致，整体弧度更圆，显得更有张力，龙鬃长度比上图的玉 C 形龙略微长些，嘴鼻部分的前伸也更突出一些，从演化看似乎要更晚一些。

图 34

图 35 的玉 C 形龙藏于沈阳鲁迅美术学院。高 24.6cm、宽 19.8cm、直径 0.8cm。躯体卷曲成 C 字形，龙首短小、吻前伸、略向上翘、嘴紧闭、双眼凸起呈菱形。额及额底琢菱形网状纹。通体呈墨绿色，透闪石材质，琢磨得较为光洁，土蚀、沁色明显，十分沉稳、温顺、传神。

图 35

图 36 的玉 C 形龙高 26cm、长 21cm，颈部孔径 0.95cm。于内蒙古自治区翁牛特旗三星他拉遗址出土，现藏于中国国家博物馆。龙躯体弯曲呈 C 形，首尾明显分开不相接。嘴部前突并紧闭，用单阴线勾勒出，鼻端平整，呈椭圆形，有对称双洞，表示鼻孔，鼻尖微微向上弯曲，双眼呈水

滴形，眼眶变薄，颈后竖起一条弯曲飞扬的长鬃，长鬃边缘有刃，尾端圆尖，呈翘起状。龙躯体中部略偏上有一钻孔，额头及下巴装饰阴线雕琢的网格纹。通体呈墨绿色。

　　这件玉C形龙为红山文化晚期作品，风格成熟，是代表作品。从龙形演化看，此玉C形龙已脱离了孕育时的蜷缩状态，躯体开始张开，鬃毛扬起，昂首飞翔，如获新生般地闯入天宇，懵懂无畏却又充满了自信和力量。这新出生的龙虽爪牙还未生长，但已经充盈着蓬勃的朝气，这也是这件玉C形龙被认可为华夏第一龙的原因所在。

图 36

　　通过图37的细节图可以清楚地看到玉C形龙的鼻孔和闭合的嘴，凌厉的水滴形眼及额头阴刻的网格纹。头顶竖起的鬃，突兀有力。

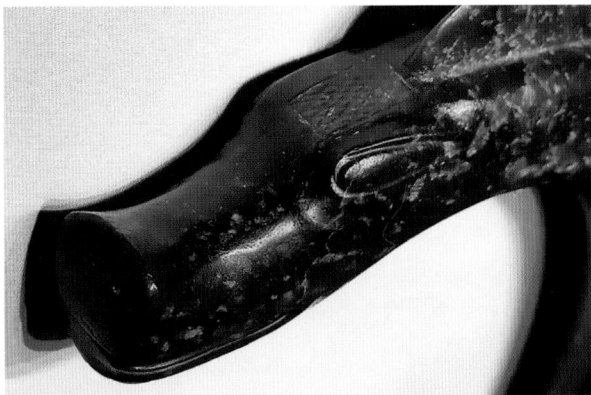

图 37

图 38 罗列的是各博物馆及研究机构所藏的红山文化龙形玉器，对其进行分析比较，可以明确推断出红山玉龙的演化过程及脉络。

图 38

从器型特点观察，玉玦形龙明显早于玉 C 形龙，原因如下。

1. 玦形玉龙蜷缩明显，首尾相衔极像孕育中的胚胎样子，其整体形态静态感强。

2. 玉C形龙躯体变细，首尾分开，弧度凸显张力，鬃毛出现并舒展飞扬，形态充满了蓬勃向上的活力，动感十足，如同已出生的婴儿那样，尽情舒展着肢体。

3. 前辈学者的研究成果。孙守道先生在《三星他拉红山文化玉龙考》（原载《文物》1984 年第 6 期）中阐述了玦龙与C龙的传承关系。

玉玦形龙形态的早晚关系梳理：

1. 从造型比较，早期玦形龙为椭圆形，头耳硕大，耳形尖耸，躯体粗壮，首尾相接，开口多不断。中期玦龙形状逐渐变圆，头耳渐小，耳形圆顺，躯体变细，开口渐大。晚期玦龙形似正圆，头耳变小至与躯体比例适当，躯体变细，尾细且尖，开口断开，不再相连。

2. 从工艺特点比较，早期的玦形龙五官多用阴线勾勒而出，眼睛扁平，局部打洼，着重表现轮廓的变化，装饰工艺以平面刻画为主。中期玦形龙五官用深阴线刻画，结合浮雕工艺表现，眼珠凸出，装饰工艺渐趋变得立体。晚期猪龙五官俱用浮雕表现，勾勒的线条进一步简化，五官显得更加简洁和立体，整体龙形呈现圆雕效果。整体从平面装饰走向立体装饰。

3. 从精神气质上看，早期玦形玉龙头大体胖，头身比例失调，头尖肚大，重心下移，呈三角形结构，有稳定感、静态感，如孕育中的龙形。演化到晚期时，头部缩小，与身躯比例协调起来，身形变圆，嘴鼻部翘起来，蠢蠢欲动，动感强烈。

C形玉龙形态的早晚关系梳理：

由于现有可靠资料太少，无法详细比较说明，就目前考古出土及馆藏的几件C形龙来看，龙首形象最成熟的还数三星他拉采集的这件大C龙，而最接近C龙的是图 32 的这件玉玦形龙，鬃毛的长短变化也是界定早晚的依据之一。

除了红山玉文化中出现如此众多的龙形玉器，在其他文化期的玉文化中也偶有龙形玉器的发现，但数量太少，缺乏系统研究的价值，下面稍作介绍。

图 39 的龙形玉佩属良渚文化类型，直径 1.4cm、孔径 0.4cm、厚 0.6cm，于浙江省杭州市余杭区后头山遗址 18 号墓出土，现藏于余杭博物馆。

这件玉龙整器为圆环形，浮雕出一个龙首。龙的眼珠凸出，眼眶如环，鼻、耳形三角竖立凸起，形象十分生动，憨萌可爱，幼龙的稚气跃然而出。玉龙呈圆环造型，构成首尾相衔的完整的龙的形态。玉质沁成鸡骨白色。良渚龙形玉器发现较少，这件是目前为数不多的考古发现的龙形玉器之一。

图 40 把龙形玉佩用线条描绘出来，一个萌态可爱的婴幼龙形跃然而出，充满了稚趣，充分体现了先民们的创造力。

图 39

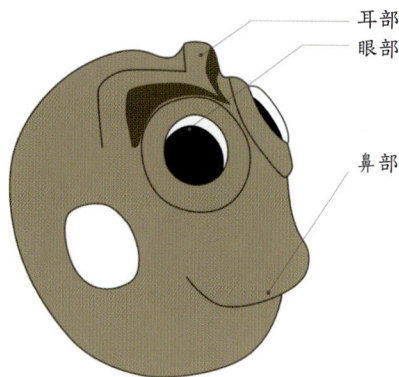

图 40

图 41 所示的龙首玉镯直径 8.2cm、孔径 6.1cm、高 2.65cm。于浙江省杭州市余杭区瑶山 1 号墓出土，现藏于浙江省文物考古研究所。

这件玉镯的外面对称装饰有四组单独的龙首，为浅浮雕工艺雕琢，其眼如珠凸起，环形眼眶，额头用阴线刻画出双角，鼻为横棱凸起，眼鼻之间的部位阴刻菱形纹，嘴部阴线刻画出整齐的方牙。为方便认识，图 42 对龙首五官做出了标记。

图 41

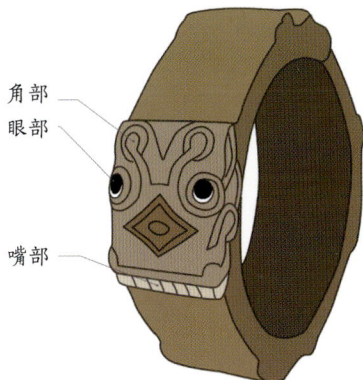

图 42

图 43 的龙形玉佩属凌家滩文化类型，长径 4.4cm、短径 3.9cm、厚 0.2cm。于安徽省含山县凌家滩遗址出土，现藏于安徽省文物考古研究所。这件玉龙呈灰白牙黄色，首尾相连呈环状。龙鼻部突出，头顶雕刻两角，嘴、鼻、眼部俱用阴线刻画表现，线条简洁粗犷，脸部用阴刻线条表现褶皱和龙须。龙身阴刻了背脊，靠近尾部对钻一圆孔供佩系用。这也是目前考古发现的唯一一件凌家滩龙形玉器。

图 43

图 44

图 45 的龙形玉饰属石家河文化类型，最大外径 3.8cm、厚 0.8cm。于湖北省天门市石河镇肖家屋脊出土，现藏于荆州博物馆。

玉龙呈 C 形，首尾开口，五官近乎没有，却似乎能感受到龙的神态变化，这是绝妙的艺术，妙在若有若无之间。额部的突棱似乎是眉弓凸起的效果，鼻尖凸，嘴微张，尾为钝尖形。

图 45

从以上分析可以看出，在史前文化时期，红山文化的龙形玉器是一枝独秀的，出土数量多，延续时间长，充分展示了玉龙在孕育期的发展演化形态。从蜷缩的玦形龙到飞扬的 C 形龙，我们看到龙形由初期的稳重静怡之态到脱离了母体孕育，变得舒张飞扬，跃入天宇之间，自由自在地翱翔。

二、玉龙初现——夏朝玉龙

　　由于考古资料的缺乏，对夏朝玉龙纹饰的研究很难系统化，只是在夏都二里头遗址所出土的绿松石龙形中窥得一斑。二里头遗址所出土的绿松石龙为蛇形龙，与红山文化玉龙的传承性不大。而商代出现的 C 形龙则与红山文化玉龙有明显的传承关系，这在后文会进行详细解读。

　　这件绿松石镶嵌的方头蛇身龙是用细碎的绿松石拼配而成，出土于 2002 年，长 64.5cm，中部最宽处 4cm。2000 余片各种形状的绿松石片若鳞片一样，拼合成龙身，每片绿松石的大小仅有 0.2—0.9cm，厚度仅 0.1cm 左右。如图 46。

图 46

　　龙的造型整体呈波状曲伏，正中出脊突起，近尾部渐变为圆弧隆起，尾尖内卷，为游龙状。龙首略呈浅浮雕状，为扁圆形巨首，吻部略微突出。以三节实心半圆形的青、白玉柱组成额面中隆起的鼻梁，绿松石质蒜头状鼻头硕大醒目（见图 47）。两侧有对称的棱形眼，以顶面凸起的圆形白玉为睛。这是目前考古发现的唯一一件夏代的龙形玉石器，期待以后有更多的考古发现，从而完善这一时期龙形演变的研究。

图 47

三、幼年期的玉龙
——商代龙纹玉器的演变及艺术特点

  商代是我国历史上第二个王权朝代，也是王权与神权并重的时代。根据对殷墟出土的甲骨文的研究，绝大部分内容都与占卜有关，战争、祭祀、祈福以及问王之健康等所有国之大事的决策都要进行占卜，问吉凶。所以在这个时期，王权与神权是紧密联系的，是并重的。

  中国玉文化发展到这一历史时期时，玉器由以祭祀敬神为主要功能的"神玉时期"逐渐向多为王室专享的佩戴、把玩的"王玉时代"过渡。玉器的功用有了显著的变化，除了保留敬神的那部分，又拓展了更多的形式服务于王室成员，并成为王室特权和身份地位的象征。在考古挖掘中发现了很多动物类商代玉件，形态生动有趣，寓意吉祥，易于佩戴。同时，有龙纹饰或造型的玉器也大量出现了，形式十分丰富，造型日趋成熟，纹饰图案亦经过深思熟虑，深谙美学的原则。这一时期玉器使用为王室贵族所垄断，佩戴玉器原本就是身份的象征，而佩戴龙形玉器更是表明主人的地位和权势，龙形类玉器的制作也代表了商代玉器制作工艺和生产力发展的最高水平，同时反映了商代的主流审美观和文化属性。有助于通过对时代主流审美观的界定，建立起艺术考古的体系。由此可知研究商代龙纹饰玉器的价值和意义所在。

  从中国玉文化的发展历史看，在商代，玉器呈现出"万流归宗"的局面。其意思是说从发现最早的距今一万年左右的小南山文化玉器类型始，在华夏大地上，各种新石器晚期玉文化类型如星辰散布，有的更是星光璀璨，如红山文化、良渚文化、石家河文化、齐家文化等。这些文化延续时期都比较长，甚至超过了千年，并形成独立的体系和规模，虽然相互之间有一定的影响和借鉴，但总体而言，差异较大，个性鲜明。相比较而言，南方普遍喜欢精致细微，北方注重整体大气。

前文中的红山文化玉玦形龙的形态多采用圆雕造型艺术，只有龙的头部相对精细些，有对五官的雕琢，而身体只有 C 形的整体，没有肢体细节的表现。

而以良渚文化为代表的南方玉器都注重细节的描绘，用极细的阴线勾勒出神人面的图案，并用辅助阴线分层次地装饰，达到繁缛华丽的效果，以表达自己对神的理解和尊崇。如图 48 所示的玉琮的每个角都有两层神人面，可以清楚地看到眼睛鼻子，有细若游丝的线条装饰，华丽而繁缛。

图 48

图 49 所示的齐家文化玉璧呈现粗犷豪迈的风格，齐家文化玉器绝大部分为光素的面，不饰一笔。

图 49

以上玉器制作的差别，使我们祖先创造的这些玉文化类型更显得多姿多彩，如繁星灿烂，各耀其辉。

到了商代，这些玉文化类型慢慢衰落消失了，但其精华和文化核心却被继承下来，并渐渐形成大一统的玉文化体系。商代玉器中 C 形龙的造型显然是受到了红山文化的影响，在考古发掘中多有发现，说明这种既代表神权也代表王权的龙形得到了商王室的认可和推崇。而这些在玉器上出现的龙纹，大多由阳起或者阴刻的线条装饰得非常华丽高贵，从中也能看到良渚文化玉器装饰风格的影子。装饰题材也丰富多样，除大量龙纹凤鸟纹之外还有很多其他动物造型，多为圆雕及浮雕的形式。还有踞坐的玉人像，工艺精细，神态倨傲且威严端庄。这些玉人都衣饰华贵，衣服上装饰龙纹、饕餮纹形象，发冠整齐，目光凌厉，说明雕琢的是神或王的形象。此外，玉器在当时作为圣物，只有神和王才配享用，因此早期有些学者认为是跪奴之像，现在看来是不妥当的。

以下把商代龙形玉器做一个梳理，从艺术的角度来分析其特点和演变过程。

第一类：玦形玉龙或称 C 形玉龙

玦形玉龙是商代最多见的龙形玉器类型，其造型显然承继了红山文化玉龙的特征，也是这个时期玉龙的主流造型，反映了商代王室贵族的审美观。但艺术特点又明显不同于红山文化玉龙，有极强的时代特征。主要有以下几个方面。

一、整体造型是玦形，但大多数玉龙头尾相连呈闭合状，尾巴尖锐且弯曲如钩。

二、龙形大多只由龙头和身体组成。龙爪及龙的肢体或者没有，或者只有一只，龙爪更像是卷握的虎爪，与后来龙形形象定型的如鹰爪的龙爪是完全不同的。

三、有蘑菇形的角，这是特有的时代特征，除了商代，在其他朝代是极为罕见的。

四、雕刻嘴巴时大多用方直线先琢出张开的嘴，然后琢出齿轮状的牙齿。闭合的龙嘴则多用一条阴线来表示。

五、龙形造型多样，圆雕或弧面龙形会多一些，片状或平面状的也有。

下面列举几个商代的玦形玉龙，分析其特点和演化过程。根据目前考古机构及馆藏的商代玉玦形龙归纳了六个类型。

1. A 类型

图 50 为玉玦形龙中的 A 类型，长 3.5cm、高 2.4cm、厚 1.4cm。1977 年于河南省安阳市孝民屯南 701 号墓出土，现为中国社会科学院考古研究所藏。

很多资料将其定为商代晚期，但从历史演变角度看，它应该是商代早期的玉龙作品，充满了红山文化玉玦形龙的基因。它明显保留了玉玦形龙耳朵的处理方法，中间分开，大耳向左右外翻，不同处在于其耳朵边缘有一条圆边，左右收束处回勾有圆形凸起，整体呈现如意状。眼睛凸起，中有开缝，还未形成臣字眼的典型特征。两个内凹的小洞代表了鼻孔，横向的长凹线代表嘴。这些表现方法与红山玉龙都很相近，包括圆雕的身体，但不同处在于添加了卷起的龙肢和龙爪，并且搭在龙的颌部下面，龙爪如虎爪，攒着，尾巴卷起用浅浮雕表现，尾尖呈圆钩状，见图51。对照红山文化玉玦形龙，这件商代玉龙更为具象一些，但有太多玉玦形龙的影子。从传承关系来讲，前朝造型元素越多，这件作品就越会是更早期的作品。随着朝代发展，符合本朝代统治阶级审美观及造型的元素会慢慢成熟起来，并形成较为典型的代表这个朝代的艺术作品。也就是说，任何一个朝代，如果存在的时间够长的话，观察这个朝代的艺术作品，我们总能发现伴随着朝代的更迭—发展—鼎盛—衰落，其作品的艺术风格也同样延续这样的轨迹：风格继承—开始有新的元素—形成新的典型风格—鼎盛时期的艺术风格—艺术风格开始衰落弱化。这也是界定古代艺术作品所属朝代时段的方法之一，古代玉器作品亦是如此。所以这件玉龙是存在于风格继承—开始有新的元素这个阶段，归纳到商代早期作品更为合理。

图 50   图 51

2. B 类型

图 52 的玉玦形龙，长 8.1cm、高 5.6cm。于 1976 年河南省安阳市殷墟妇好墓出土，为中国社会科学院考古研究所藏。

此件玉龙是商代玉 C 形龙中最出色的作品，是商代典型期的作品，充分体现了商代玉工高超的加工工艺水平和艺术构思。不仅将龙凶悍威严而又不羁的个性淋漓尽致地表现出来，也凸显了统治阶层的审美诉求。在这件玉龙作品上，眼睛用阴线描睛，眼珠为凸起的圆珠形，有一种怒目圆睁的威严；嘴巴大张，用硬朗的方直线表现口部的轮廓，牙齿如犬牙交错，齿尖锐利，齿根粗壮有力；背部正中有出脊，高低起伏，从图片看有七节，如同青铜器上装饰的扉棱一样；龙尾向内卷起，尾部收束，尾尖呈圆钩状，置于龙首旁侧，形成错落有致的感觉。龙爪在下方，蜷起如虎爪一般厚实，见图54。这种龙形玉器造型在后朝如战国时期的玉龙中亦有发现，可见是渊源于此，同时也旁证了玉文化的传承延续从未断过。

这件玉龙身体上用阴线琢成菱形和三角形纹装饰，这两种纹饰都营造出一种尖锐、荆棘的效果，有若雄性的粗犷美。也许受工艺水平所限，玉师在加工时很难把线条砣得十分精准，在线条交错的部位常有加工时留下的错位和参差不齐的现象，其后的打磨工艺也无法做到尽善尽美。这种现象在商代玉器中普遍存在，也或许是玉师有意为之，目的是增加粗犷野性之美。总之，从美学角度分析，反而使这件玉龙平添一种辛辣的味道，令人充分感受到一种远古粗犷的原始美感。龙形威严而不羁、勇于探索的精神在这件玉器作品上淋漓尽致地显现出来，使这件玉龙成为目前发现的商代玉龙中最为精彩的一件，也可以说是商代玉龙的代表作品，已具备独特、成熟的艺术风格，是成熟期的作品。充分反映了商代统治者开拓疆域，征服四方的雄心壮志。此件玉龙出土于妇好墓，妇好既是商王武丁的妃子，又是带兵征伐的大将军，佩戴这样的玉龙，亦是顺理成章的了。

图 52

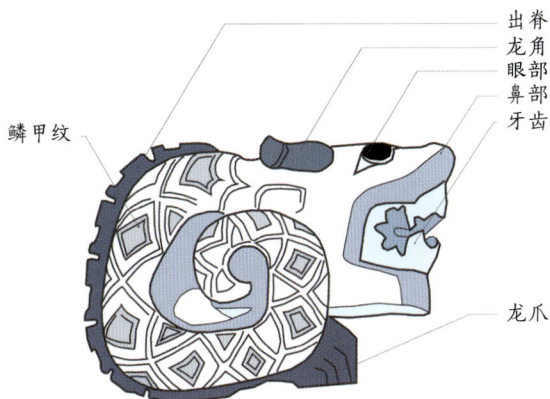
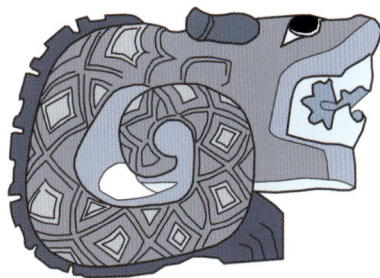

出脊
龙角
眼部
鼻部
牙齿

鳞甲纹

龙爪

图 53　　　　　　　　　　　　　　图 54

3. C 类型

图 55 的玉玦形龙，长径 7cm、厚 1.5cm。1976 年于河南省安阳市殷墟妇好墓出土，现由中国社会科学院考古研究所藏。

此玉龙被划分为玦形玉龙的 C 类型。与上面两件玉龙比较，这件应该诞生于由立体圆雕向片状玉器过渡的时期，但还保留了一些圆雕玉器的风格，例如眼珠凸起，双目明亮有神，眼眶为阴刻线，与眼珠组合而成臣字眼图案，蘑菇形角。腹部有类似"丌"形的凸起，似乎是还未发育成熟的龙爪或是还未脱落用来汲取营养的脐带。背部圆鼓，中间有凸起的脊椎线，两侧饰小三角形纹，有一钻透的斜孔，可供佩戴用。尾端一面有一未钻透的圆孔。玉呈墨绿色。

由图 56 可以清楚地看到，龙身体两侧俱为平面状，并装饰菱形、三角形纹饰。纹饰的线条中间宽深，两头细浅，显然是砣具加工所留下的痕迹。边缘处的内外轮廓线也是宽窄深浅不一，衔接有错位的现象，这是砣具在加工时一段一段的衔接痕，更加证实使用砣具加工的工艺方法。此外在细节处理方面也不仔细，接头部位多有错位，精准度不够，或是工艺水平所限。线条的转弯处有明显的接刀痕。同样，龙的原始狂野和雄性的粗糙感十足。和前龙如出一辙，菱形、三角形既代表了龙的鳞片的形状，也蕴藏一种霸气王道的力量。

龙角
眼部
鼻部
牙齿
龙爪
麟甲纹

图 55   图 56

4. D 类型

图 57 所示的玉玦形龙归于 D 类型，长径 5.2cm、短径 4.8cm、厚 1.8cm。1976 年于河南省安阳市殷墟妇好墓出土，现为中国社会科学院考古研究所藏。

玉呈墨绿色，圆雕。龙头与尾衔接，尾尖内卷，呈椭圆形，同样出土于妇好墓的玉龙，纹饰有了与前面都不一样的图案。最显著的不同是富有张扬效果的菱形、三角形没有了，变成了表现龙的肢体结构的线条。龙首后第一组图案圆点的位置表现的是关节点，图案末端表现的是蜷起的龙爪。第二组是相同的图案元素，有可能表现的是后肢。蘑菇角，臣字眼，圆钩尾都是不变的元素。嘴巴是闭合的，腹下刻细密短道，表示腹鳞，呈节节相连状，没有龙爪，这是重要的不同点。

图 58 用线条把玉龙描绘出来，标注出各个部位。玉龙显得神态温和，整体造型圆润，装饰线条也尽量修饰圆转，比较而言，神态更加柔和，没有了那种张扬的侵略性，变得和顺了，展现了龙和蔼可亲的一面。背上部有两个未钻透的孔。

图 57

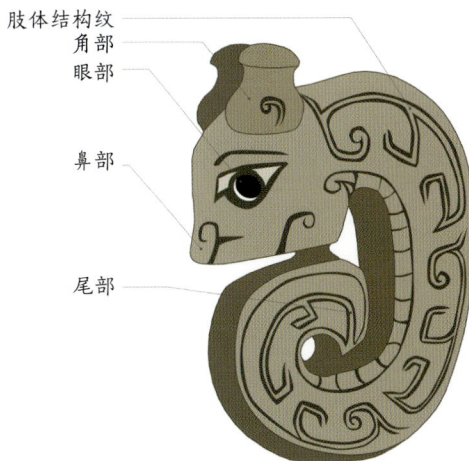

肢体结构纹
角部
眼部
鼻部
尾部

图 58

　　图 59 出土于河南省安阳市殷墟妇好墓，也可以列入这一类型。身体装饰的是结构纹，无爪等，特别之处在于龙头的造型，圆雕手法，圆珠眼，嘴巴闭合，头部的凹弧类似红山时期玉玦形龙的特点。背有七节出脊，无角。

　　看图 60 的描绘效果，玉龙呈现一种呆萌感，十分可爱，形象充满了卡通般的喜感。以上两件虽稍有不同，但基本上属同类型，共同点为龙首为圆雕效果，嘴巴闭合，尾尖内卷，躯体装饰肢体结构纹。

图 59

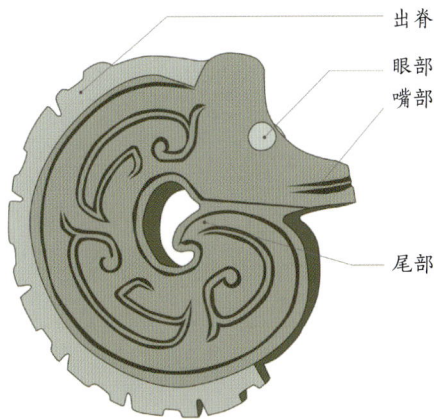

出脊
眼部
嘴部
尾部

图 60

5. E 类型

下面三件归类于玦形龙的 E 类型。

图 61 的玦形玉龙为河南安阳殷墟妇好墓出土,现藏于社科院考古研究所。直径 5.5cm、孔径 1.2cm。

特别之处在于眼为双阴线勾勒方形眼,直角处为圆弧,另外背有七节出脊(含形似蘑菇角的一节)。

图 62 中龙头第一节填涂成深褐色,这节形似简化的蘑菇角。身躯装饰两组双阴线勾勒的肢体结构纹,依次排列。颈部有"ε"形纹,表示鳃部,亦指龙可入渊。口大张,减地成形,产生立体层次的真实效果,门齿粗壮锐利,内齿呈齿轮状,颌部双阴线勾勒。龙尾反向回卷成钩。背脊上有一系孔,供佩戴用。

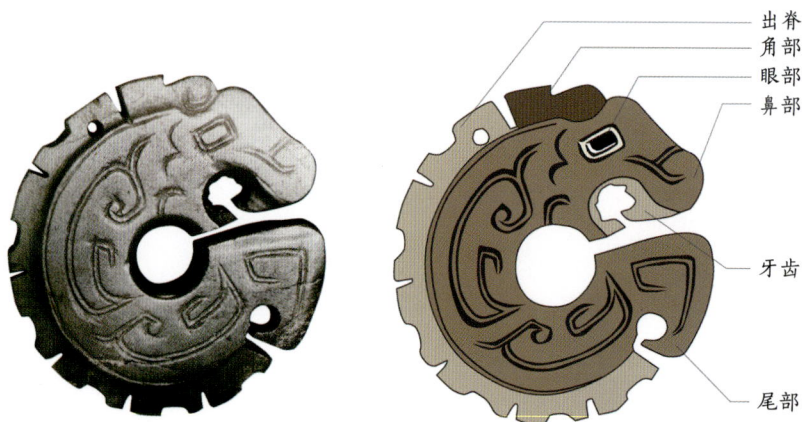

图 61　　　　　　　　图 62

图 63 的玦形玉龙是 1976 年河南省安阳市殷墟妇好墓出土。直径 5.9cm、孔径 2.3cm、厚 0.4cm。这件玉玦形龙与上图几乎是一样的,可归为一类,细节不同处有:内径较大,整体更像环形,眼睛为双阴线勾勒出的臣字眼,鳃部为双阴线勾勒的盾形,肢体结构纹多一节曲钩,显得更加丰富。

从图 64 可以看到,出脊有十节(含简化的蘑菇角),口部轮廓用单阴线勾勒出,门牙粗壮,内齿参差不齐。背颈部有一穿系孔。整体用双阴挤阳工艺雕琢而成，为典型期商代玉器作品。

图 63

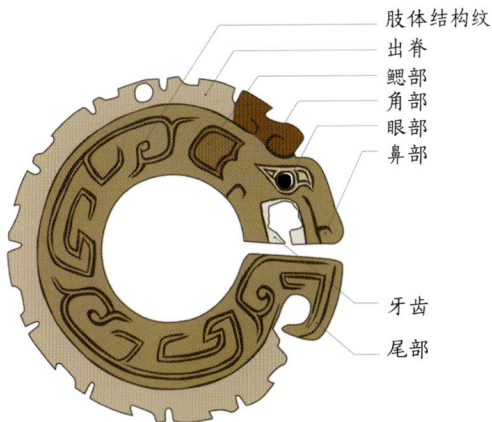

肢体结构纹
出脊
鳃部
角部
眼部
鼻部

牙齿
尾部

图 64

图 65 也是同类型，细节之处稍有不同：有耳无角，耳为扇形，用双阴线勾勒，鼻尖上卷成钩状，无鳃。肢体结构纹与前面图相似，有八节出脊。内径小，呈喇叭口状，内斜度较大。图 66 标注出龙形各部位。

这三件比较来看，臣字眼的龙威严感更胜一些，方形眼显得憨萌，均为成熟期商代玉龙作品。

图 65

出脊
耳部
眼部
鼻部

牙齿
尾部

图 66

6. F 类型

图 67 的玦形玉龙现藏于美国弗利尔美术馆，为玦形龙的 F 类型。雕琢

在一块玉璧的上面，整体龙形用双阴线勾勒而出，口尾分开，臣字眼，蘑菇角，盾形鳃。据图68标注图可以看出，口张而无齿，形象温和，肢体结构纹演化得更加丰富和具象，前肢及龙爪形态详细勾勒而出并用深色填涂，造型成熟，有力地搭在颌部，据此判断，这件玦形玉龙应是商代晚期作品。

图 67

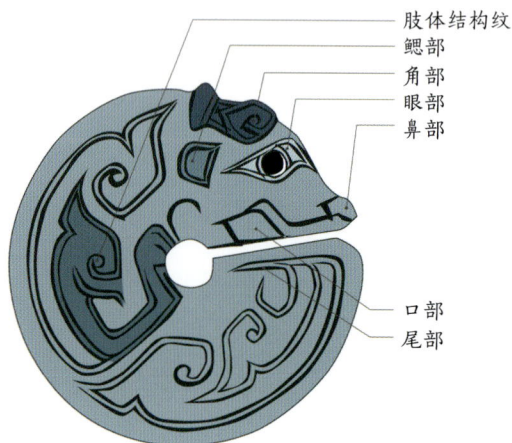

图 68

在商代玉龙中，玦形玉龙是遗存较多的一大类，造型传承于红山文化玦形龙，并进行了发展和演化，龙的角及牙齿生长出来了，光素无纹的躯体也装饰上不同的纹饰，龙的肢体及爪也开始显现。龙形也进入幼儿期，开始蓬勃发育和成长，充满了朝气和活力。

除玦形玉龙外，还有伏行玉龙。

第二类：伏行玉龙

图69的龙形玉佩，长8.2cm、高4.4cm、厚0.7cm。由河南省安阳市妇好墓出土，现藏于中国社会科学院考古研究所。

这件龙形玉佩用双阴线勾勒龙的臣字眼、蘑菇角和耳朵。在商代玉龙中，龙角和耳的造型几乎是合二为一的，绝大多数只用蘑菇形的角来表示，前面列举的基本都是如此。而这件玉龙不光有蘑菇角，旁边居然还有小一些的如意纹的耳朵，这是非常少见的。嘴张得很大，轮廓整体下凹，利牙如齿轮般，其中门牙更是夸张，粗壮而尖锐，反映了龙的凶悍。脑后颈部有一盾形图案，更像鱼鳍的样子。大概是古人认为龙不但可上天入地，也能入水进火，无所不能及，故以此来创造龙的形象。腿部用双阴线勾勒出前肢的结构，圆点为关节点，亦是支点，此时的龙爪俱为虎爪的样子。尾部线条装饰与前肢大同小异，圆点亦是结构点，整体身体像 S 形。阴线用砣具加工而成，砣具只适宜做直线，所以在转弯的部位只能用短直线一点一点接过去，这也是古玉器使用砣具加工遗留下的重要现象之一。这样即便是圆弧线也会有一种圆中见方的艺术效果。

图 69

图 70 的描绘图透出一种独特朴拙的韵味，圆中寓方的艺术洋溢着更高级别的淳朴拙趣。

图 70

图 71 的龙形玉佩长 5.27cm、高 3.12cm、厚 1.76cm。于河南省安阳

市孝民屯出土，现藏于中国社会科学院考古研究所。是无可争议的龙形佩，圆雕作品。

图 71

图 72 把龙佩描绘出来，用深浅不同的颜色标注，可清楚地看到龙佩为双阴线勾勒的长方形眼，蘑菇角，单肢虎形爪，嘴用阴线勾勒，牙齿呈圆孔状，上下门齿用一道斜线划出，形成犬牙交错的效果。身躯两侧装饰双阴线结构纹，背脊用菱形纹装饰，尾巴上卷回绕成环。

整体工艺简洁，商代玉师把很多细节的东西都用简单的线条来概括，形成一种国画大写意的味道。这时候的龙形总有一种幼儿的懵懂感，神态憨憨萌萌的，形象充满了幼儿的好奇和不羁。面对未知的世界，渴望去探索而又满生警惕，偶尔露一下狰狞的齿牙其实是在掩饰内心的不安。

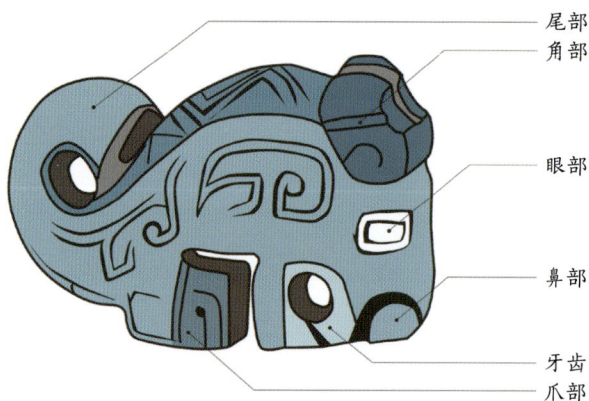

尾部
角部
眼部
鼻部
牙齿
爪部

图 72

图 73 的玉龙形佩，现藏于美国弗利尔美术馆，具体尺寸不详。是伏行

类玉龙中风格最为简洁的类型，为片状玉器。用单阴线勾勒出龙的五官及肢体结构，曰字眼，蘑菇形角，嘴巴先用直线表现出龙嘴的轮廓，再用不规则方形浅凹，圆孔代表牙齿的空隙，概括成齿轮状。肢体结构均用单阴线表达，简洁大气，尾粗壮，上卷成孔。由繁化简需要很高超的艺术表现技巧，把复杂的造型用几根线条就表现得淋漓尽致，需要艺术的凝练，这件龙佩充分体现出玉师的艺术境界。

图 73

图 74

第三类：跃式龙

这一类龙形玉器，龙形为腾跃的形象，其实多为残玉璧或残玉环改制而成。

图 75 的璜形玉龙佩，长 5.01cm、厚 0.19—0.38cm。于河南省安阳市殷墟出土，现藏于中国社会科学院考古研究所。

此件玉龙是由破损的有领玉璧环类器物改制而成，原器内径有竖起的璧墙，有若衣领般，故称有领玉璧。原璧已缺损，残留部分似弓形，正好利用这弓形制作成跃起的龙。结构纹饰用浅阴线勾勒，简洁写意，菱形眼，蘑菇形角，鼻头翘起，嘴微合。利用残留的立领把龙的前肢雕琢成立体的效果。龙爪如虎形爪，用三道阴线勾勒出指尖，尾巴用圆孔表示出上卷的样子。首、尾有三个双向穿孔，供系佩用。图76标注出龙形五官及肢体结构，便于我们更好地认知。

图 75

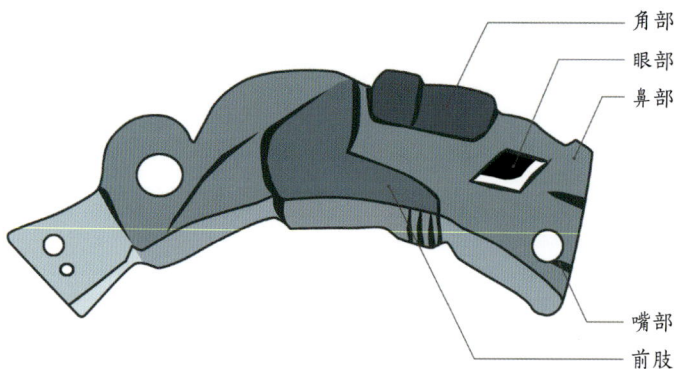

图 76

　　图77是一件商代有领玉环，出土于三星堆遗址，我们把图75的龙形玉佩与之重叠之后发现竟然十分契合，见图78。这也充分证明了在商代，美玉是弥足珍贵的，即便是残损的玉器也不能遗弃，加工改制成可使用的玉器是很常见的一种现象。用残留的弧形玉器正好加工成跃起的龙形，变废为宝，同时节省了珍贵的玉料。

图 77 　　　　　　　　　　图 78

　　图 79 的玉龙形佩也是由残玉环改制而成，属同一类型的玉龙。现藏于美国弗利尔美术馆。臣字眼，蘑菇形角，张嘴露齿，尾巴上卷，龙爪搭在颌后。图 80 为描绘示意图。

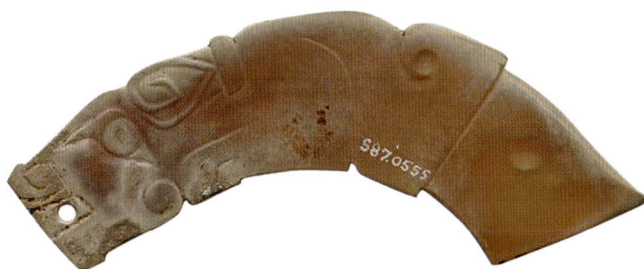

图 79

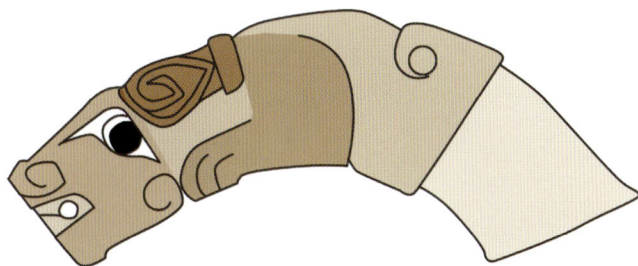

图 80

第四类：蛇形龙

图 81 这件玉龙造型非常独特，似乎由蛇形身体演化而来。用减地起阳工艺，从工艺上讲就比阴线工艺要难、要费工得多。臣字眼，蘑菇角，似乎还有尖牙，阳起的涡旋纹衔接单肢爪，身体蜷起，首尾相接。整体看是在一个平面雕琢的龙的形象，而龙头是正面的造型，龙的身体却由正面慢慢转换成侧面的样子，把原本应该是两个视角看的形象，无缝捏合在一个面上，形成一种空间纵深感，这是极有想象力的艺术表现手法。也正是西方立体派艺术家所推崇的艺术观点，代表人物是毕加索。而在我国，3000多年前的商代玉师已经创造出这样的玉器作品，并处理得毫无生涩感。

由图 82 的描绘图可以看出，在这件玉器作品上，龙头被放大，显得夸张，这样观者的眼光自然而然地注意到龙的神态，既便于刻画龙的五官细节，又有一种近大远小的透视效果，增加了龙的纵深空间感。蛇形龙在二里头夏都遗址出土过一件（见图 46），大致也是方首曲身的造型，与这件很神似，从中可见它们的传承关系。这是比较少见的玉龙类型，因为艺术含量高，故单列出来。

图 81

图 82

第五类：龙凤组合型

图 83 的龙凤形玉佩，高 11.3cm、厚 0.3—0.5cm。1976 年河南省安阳市殷墟妇好墓出土，中国社会科学院考古研究所藏。玉器呈黄褐色。此

件构思新颖，有可能根据当时的神话设计而成。在商代玉器考古中目前仅此一例。

图 83

这件玉器有残损，从遗留的部分可以看到最上面是上卷尾 C 形龙，其下是凤鸟，最下面的部分已经残损，无法界定了。龙的嘴轮廓线为圆弧，这与其他玉龙多不相同，内为齿轮状的牙齿。蘑菇形角，双阴线勾勒的臣字眼，头后有盾形鳍，而后用整齐的菱形图案递次排列于龙的背部，似乎代表着龙的麟甲，腹部为"《"形的竹节纹，前肢爪为虎爪形，前腹有一较大的臣字眼，不知何含义。凤鸟为双阴线圆眼，尖钩形嘴，双蘑菇角，有羽翼。整体玉器呈片状双面雕琢。土沁局部玉呈深褐色。工艺精细，亦罕见。

图 84 为国内藏家收藏的商代骨质龙凤纹佩，是一件十分有研究价值的藏品，也为龙凤组合型，骨质已玉化，显得温润莹亮。图 85 为描绘图，凤鸟在下，其上装饰羽纹。龙形在上，躯体装饰菱形纹和竹节纹，有鳃。尤为难得的是在其背面有三行甲骨文字（见图 86），从左往右为"侯永用在

二月癸亥"，可知这件骨雕应该为侯级贵族所用凭证之物，有具体的制成年代等，由此可见其地位和珍贵。

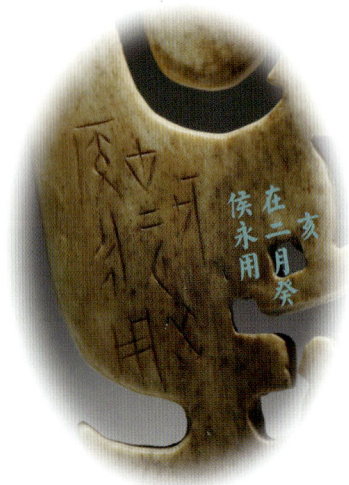

图 84   图 85   图 86

第六类：装饰在玉刀剑上的龙形纹饰

图 87 的青玉龙纹玉刀制作于商代晚期。长 7.5cm、宽 3.85cm、厚 0.4cm。于河南安阳出土，由天津市艺术博物馆收藏。

这件玉器制作成玉刀的样子，刃部也打磨出来，并用三角阳线条装饰一圈，刀柄部位雕琢成龙形，而刀刃便是从龙口伸出来。

图 87

　　这件玉刀白化严重，通过描绘图 88 可以看出其蘑菇角，叶形耳，扁方的臣字眼，单肢龙爪，身体压缩得非常扁，耳后有一孔，可供佩系用。中部为三角纹，精美罕见。这种在兵刃上装饰玉龙纹的作法在战国汉代达到十分盛行的程度，而且是可以实战用的，称为玉具剑。其中玉剑格镶嵌在金属的柄与刃之间，起保护分隔的作用，而且以龙纹和饕餮兽面纹为主。这种装饰在剑具上的龙形在后世被称为龙九子之一，有个单独的名字叫"睚眦"。

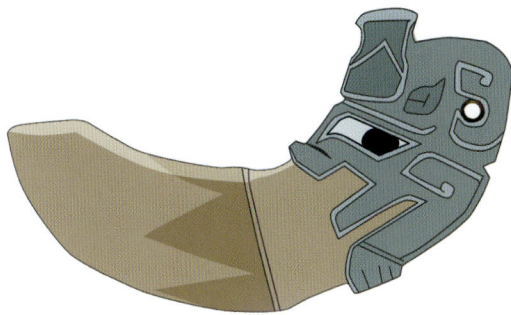

图 88

　　图 89 的饕餮兽面纹玉刀，长 10.2cm、宽 2.7cm、厚 0.2cm。现收藏于故宫博物院。深碧色，有白色沁及土斑，玉刀在柄刃之间装饰了饕餮兽面纹，刀柄为身，这类图案也是龙形的一种，表现的是龙头正面的形象。可以看到臣字眼、蘑菇角以及鼻嘴等龙首的基本要素。柄的末端用阴线雕琢有凤鸟纹，末端钩形为鸟嘴。整体为龙凤合体纹饰。

图 89

　　图 90 这件龙纹玉匕首是故宫博物院的藏品，青玉质，受沁很少，原有的玉质得以保持。图 91 为匕首柄部细节图，柄部直接雕琢成一伏行龙，以双阴线装饰为主。蘑菇形角，臣字眼，张口露齿，门齿粗壮锐利，有盾形鳃，尾巴上卷回勾，有肢有爪，搭在颌后，呈伏行状。图 92 为描绘图，龙形神态生动，憨萌可爱，如卡通版的幼龙，奶凶奶凶，古怪精灵。

图 90

盾形鳃
蘑菇形角
臣字眼
牙齿

图 91

图 92

　　图 93 的龙柄玉匕首，长 10.4cm，柄部最宽处 2.45cm，厚 0.95cm。于河南省安阳市花园庄 54 号墓出土，现藏于中国社会科学院考古研究所。

　　玉质温润，光泽莹亮。刃部光素，柄部整体雕琢成一伏行龙，用双阴挤阳的工艺把龙的五官结构勾勒出来。由图 94 的标注图可见双阴线勾勒的长方形眼，眉毛，肢体及龙形，蘑菇形角，翘起的鼻头，交错的牙齿。图 95 为描绘图。

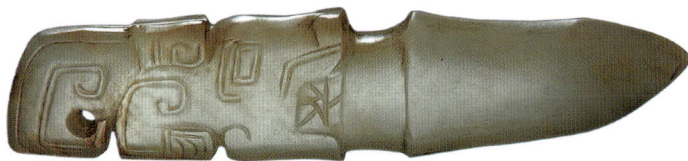

图 93

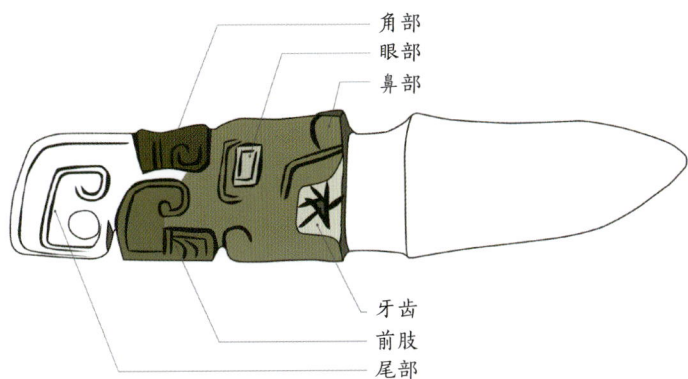

角部
眼部
鼻部

牙齿
前肢
尾部

图 94

图 95

第七类：在人物上装饰的龙纹

图 96 的梳短辫玉人，高 8.5cm。1976 年妇好墓出土。现由中国社会科学院考古研究所藏。

此为踞坐玉人像，人像衣饰华贵，其中胳膊及腿上雕琢了龙纹，龙身用菱形纹装饰，无爪，头如蛇头，似可以理解为幼龙的形象，在后朝两周时期的龙形玉器中也常见这种类似的作品。人像胸前是饕餮兽面纹。

图 96

综合以上的例子，可以看出商代龙纹玉器的龙纹已经初具完整的形态，五官、身体、肢爪及尾都有很清楚的造型结构，并且演化出姿态各异的龙形象。同时也看到龙在形成过程中借鉴了很多动物的元素，比如有虎的爪、蛇的身体、牛的面等，捏合这些元素而又承继了新石器时代玉龙的形体特征，逐渐形成完全成熟的商代玉龙的形象，这说明商代王权逐渐强大，完全替代神权的地位。玉器作为礼敬神灵的圣物，逐渐成为王室身份的标志物，成为王室专享的资源。中国玉文化的发展也从"神玉时代"进入"礼玉时代"。更多的玉器成为王族的佩饰物，用于招祥瑞避灾祸，同时也卓显其身份地位。龙纹玉器作为王权特殊象征物，也反映了商代统治阶级的思想、审美和价值观，其工艺制作也代表了商代生产力最高水平，是国家实力的写照。多年的考古发掘证明，在商代，已经使用了大量的和田玉料来制作玉器，能够采用远在几千公里外的和田玉料来加工玉器，可见商王朝的实力和影响力。从整体风格看，龙纹饰玉器逐渐规范，龙形象也日趋完善。龙纹饰玉器成为规范商朝王室成员行为举止及地位的重要佩饰，开启了中国玉文化史的"礼玉时代"。

四、少年期的玉龙
——西周—春秋时期龙纹玉器的演变及艺术特点

武王伐纣，推翻商王朝而建立周王朝，建都于镐（今陕西长安沣河以东），建国号为周，史称西周。西周宅兹中国，大封诸侯。诸侯拥有自己的军队、封地，为了更好地维护西周封建王朝的统治，便推行严格的礼乐等级制度，玉器制式和佩戴的等级区别成为这个体系中一个重要的组成部分。

玉器作为统治阶层地位和身份的象征由来已久，此时更是成为王室诸侯最为重要的佩戴物品。"君子无故，玉不去身"成为王公贵族日常着装的真实写照。玉器成为阶层权势地位的象征。在陕西岐山出土的裘卫盉（见图97）的盖内铭文（见图98）记载了周共王三年（前920），矩伯觐见天子，需要佩戴符合身份的礼玉器，特向裘卫换取瑾璋及赤琥一对，共计"一百朋"，合"十三田"，折算为现在的1300亩良田。图99是出土于三星堆遗址的玉器璋。

图 97

图 98

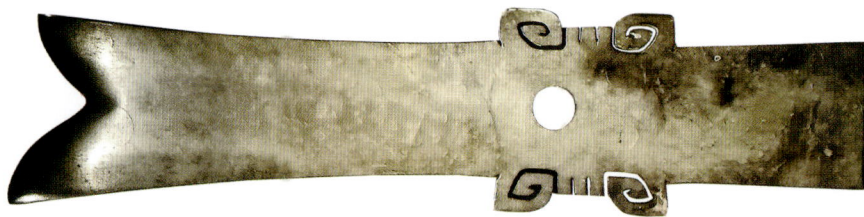

图 99

据铭文记载，裘卫告于荣伯、定伯、单伯等诸贵族为证及司徒、司马、司空等诸官立据备案。由此近 3000 年前的铭文可以清楚了解到玉器在周王朝的地位和价值。即便是爵位为伯的贵族，如不佩戴符合其身份级别的玉器，也会被视为失礼，连觐见帝王的资格都没有了。在这一时期，玉器就代表了礼，可以界定所佩戴者的身份地位，有了这种社会共识，自然而然西周龙纹玉器的艺术风格也就日趋规范化、程式化。因为有了严格的制作佩戴标准，这一时期的龙纹玉器艺术特点逐渐由商代那种不羁的张狂的风格向执重有礼、循规蹈矩的方向转变。

当然，早期的西周龙纹玉器也秉承了不少商代玉龙那种不羁的风格，但在不断地消化吸收新的统治阶级的意识形态及审美观中演化，逐渐形成独特的风格。西周龙纹玉器中，片状玉器较多，并且多是组合使用的。这与商代龙纹玉器有差异，商代龙纹玉器尺寸都比较小，圆雕件占比较高。圆雕件多为随形玉料加工，相对而言，玉料的利用率较高，玉师这种节省的做法也反证了玉料的来之不易。

西周有大量片状玉器出现，证实可以依据礼仪用玉的需要来开料，而不会过于计较材料的浪费问题。使用玉料也非常考究，在考古发掘的西周玉器中，有许多质地优良的甘肃产玉料及和田玉料，占比颇高，这一现象也说明西周王朝对西部的势力扩张，获得西部玉料资源也因此较为容易。西周玉器加工技术日益进步，有许多玉器切割得非常薄，甚至只有2—3mm 厚，并且还要在两面雕琢繁缛的装饰图案，可见工艺成熟度非常高。

随着西周王朝统治日趋稳定，玉器上的纹饰尤其是龙纹饰图案制作十分规范，西周最成熟最典型的工艺称为"一面坡"工艺。也就是在玉器表面用一种一侧陡立一侧斜坡舒缓的宽阴线为主线、单阴线为辅助线来表现造型图案的工艺方法。见图 100 玉璧的局部效果，在玉器表面形成坡状现象，宽阴线缓坡在光影下会形成比较强烈的立体空间效果。

图 100

图 101 是一面坡阴线的横截面图，可以看到一面坡阴线与单阴线线型对比。这种工艺方法加工出来的线条，在表现纹饰图案时，既能凸显出主纹饰的立体生动感，又兼顾造型细节的丰富饱满，形成了西周特有的玉器加工工艺风格。这种工艺风格在西周玉器中具有普遍性，在陕西、山西、河南、山东等地考古发掘出土的西周玉器上的纹饰几乎都是这样的工艺方法。可见，分封的诸侯们都是遵循同一规范标准来佩戴龙纹玉器的，这也是地位等级区分的重要标志。

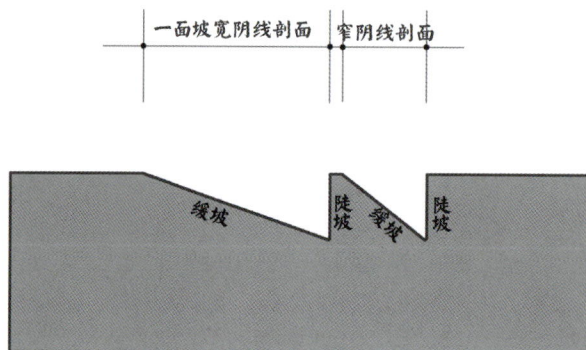

图 101

西周早期的玉龙纹饰深受商代玉器玦形龙造型的影响，虎形爪，半圆雕。逐渐地，片状龙纹图案玉器成为主流佩饰，臣字眼的眼睑在拉长，龙爪逐渐演化为钩形的鹰爪。嘴里通常会伸出一条下卷的舌头。肢体结构表现逐渐程式化，并用固定的提炼过的抽象图案单元来表现。由于要满足组佩饰的需要，西周龙纹玉佩的形状也多种多样，有方形、长方形、弧形等。龙形也在变化中，甚至构成龙形的基本要素也在不断取舍中。这些现象在鉴赏中要根据具体玉器具体分析，除了玦形玉龙外，出现比较多的组合图案有龙凤纹组合、大龙小龙组合、神人龙形组合等。并用大量的红色玛瑙珠串把玉佩组合连接起来，佩戴于身，凸显一种庄重华丽的效果。以下通过一些实例的研究对比，来认识西周龙纹饰的艺术特点和文化内涵。

图 102 为西周早期玉龙，直径 3.8cm、厚 0.6cm，于陕西省凤翔县刘淡村出土，现藏于西安市文物保护考古所。

周曾是商的方国，故必然受到商文化的影响，与商保持一致的审美倾向。这件出土于陕西凤翔的玉龙被资料勘定为西周时期作品。其实无论是玉龙造型还是加工工艺特征，都有着浓郁的商代风格。图 103 把龙的造型用线条勾勒出来，可以更好地观察分析。方嘴圆齿孔，淡黄部分是龙的前肢和虎形爪，但爪抵于颔下的动作却是商晚周早期常见的现象，肢体比较具象，结构一目了然。半圆雕，椭圆形方眼，尖如意形耳。加工工艺为单阴线雕琢，线条明显为砣具加工，并打磨过度，十分圆润，头宽尾尖，但尾尖没有商代玉龙常见的内弯钩，如图 104。这也是判断这件玉器是西周早期玉龙的原因之一。

图 102

图 103

图 104

图 105 这件 C 形玉龙出土于西安市长安区张家坡 60 号墓，最大径 6.5cm、厚 0.7cm。现藏于中国社会科学院考古研究所。

从整体观察，其应该也是商晚周早过渡期的作品。图 106 为标注图，臣字眼用双阴线勾勒，砣加工而成，并过渡圆润，有一种双阴线挤阳线的工艺特点。双阴挤阳工艺是商代玉器的典型加工工艺，是用两条浅阴线把中间的阳线衬托出来。由于阴线打磨过渡平缓，使得阳线有一种被挤压起凸的效果，故有此名。可参看图 107 的双阴挤阳剖面图，可以更清楚地看到，在一个平面上，阴线的下凹反衬了阳线的凸起，这种线条加工工艺为商代成熟期玉器所常见，并一直延续至商晚周早期，直到被西周一面坡玉器加工工艺所替代。图 108 为商代鸟形佩，其身上的纹饰就是用非常典型的双阴挤阳工艺加工而成。

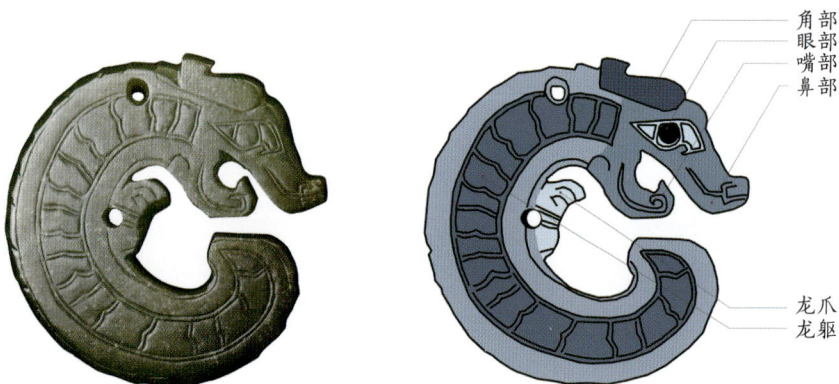

图 105

角部
眼部
嘴部
鼻部

龙爪
龙躯

图 106

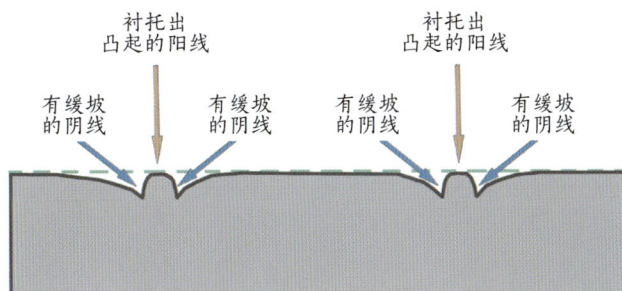

图 107

图 108

　　回到图 106，龙有蘑菇形角，鼻尖卷起，身体深蓝色部分为盾形的竹节纹依次叠压，单肢虎形爪，龙嘴有较明显的不同，但这龙首嘴的图案造型组合却广泛地影响了后朝玉龙造型样式，尤其在东周（春秋战国时期）

玉龙造型中可以看到非常多类似的演化的样子。玉龙背部有出脊，起凸不明显，从尾尖上装饰的阴线走向可以看出尾尖有过残损，并经过修整打磨。额头微微凸起，这也是多数商龙的特点。背及爪部各有一孔，爪部的孔洞破坏了龙纹造型的完整性，显然有后期再加工的痕迹。在一件不是很大的玉器（直径约 6cm）上有两个专门的穿系孔，毫无疑问是作为玉组件来用的。玉组件的佩戴盛行于周，故此推测有一种可能：一件商代玉器在周王朝贵族手中进行了改制，做成玉佩组件来使用。这种后朝改前朝玉器并继续佩戴使用的现象在近年来的考古发掘中屡有发现并得到证实。因此这件玦形玉龙的制作时期是商晚周早过渡期无疑了。

　　图 109 这件 C 形玉龙，直径 4.3cm、厚 0.2cm。于陕西省宝鸡市竹园沟 9 号墓出土，现藏于宝鸡市青铜器博物馆。头尾相接呈闭合状，龙尾含于口内，整体为一面坡阴线勾勒而成，但阴线较窄，坡度较陡。图 110 所示的浅蓝色部分是臣字眼，内眦内弯，尖形如意耳，鼻尖上翘，前肢龙爪已经不是虎形爪，而演化成如鹰爪般弯曲如钩的龙爪，这也是西周玉龙纹饰的重要特征之一。龙爪搭于额骨后，紧挨着龙首。嘴的处理已经完全不同于商代的，嘴大张却没有表现出牙齿，上嘴唇与鼻部结合为一体，下嘴唇向下翻卷着。躯体及尾部有盾形纹装饰，排列有序，图案非常规矩，并经过简化归纳。在商代玉龙中，盾形纹饰最初出现在龙首后部大概鳍鳃的位置，表示龙具有驭水的能力。这里的盾形可以理解为鳞甲。

图 109

羽翼
耳部
眼部
鼻部

龙爪
龙尾

图 110   图 111

由此可见，西周玉龙纹饰开始把单元图案进行归纳组合及升华，附加图案元素更抽象、更有丰富的内涵，同一种图案在不同部位出现会有不同的含义和解读。这是装饰艺术上非常重要的创新之举，是图案的升华和提炼。龙耳上有系孔，用于佩戴。据资料显示，这件玉龙形佩只有 2mm 厚度，切割得这么薄已是非常难得，还要在上面进行加工雕琢和打磨，而且是双面工艺，玉师必须仔细操作，凭借一丝不苟的匠心才能成功。由此亦可见西周玉器卓越的加工工艺水平。

图 112 的这件玉 C 形龙，最大径 8.7cm、宽 2cm、厚 0.5cm。于陕西省西安市长安区张家坡 304 号墓出土，现藏于中国社会科学院考古研究所。

图 113 把玉龙的线条提炼出来，方便我们观察和研究。龙的上嘴唇与鼻组合为一体，鼻尖向上翻卷，下嘴唇向下翻卷，前额有脊凸，淡红色部分是前伸的舌头，舌尖分叉犹如蛇吐芯子般，这是较少见的造型。颌部有圆突，亦可理解为关节点。浅黄色部分为前爪，造型如鹰爪般尖锐，衬托出龙凶悍的性情。深褐部分为龙的肢体结构，用"一面坡"阴线表现，蜷缩着蓄势待发。身体延伸至尾部，有盾形纹及竹节纹。在阴线的折弯处，总有加工遗留的出位划痕，呈放射状，并且深浅不一。有些长弧线条并不圆润，宽窄也不稳定，这些均是工艺水平所限之故。

上肢
角部
眼部
鼻部
舌头

龙爪
龙尾

图 112　　　　　　　　　　图 113

图 114 的玉 C 形龙，高 4.4cm、宽 3.7cm、厚 0.4cm。于陕西省西安市长安区张家坡 121 号墓出土，现藏于中国社会科学院考古研究所。

图 115 为线条勾勒图，浅褐色部分是尾部的结构，用典型的羽纹来表示，线条流畅，有韵律。总体而言，这两件张家坡墓地出土的玉 C 形龙造型虽略有不同，但已经发展演化成西周玉龙的典型风格。臣字眼与商代玉龙显著不同，上眼睑很夸张地拉长，内眦向内勾，外眦向外扬，一收一放。眼珠为圆形，由一面坡的工艺完成，宛如圆台状。是西周成熟期的作品。

羽翼
角部
眼部
鼻部

齿部
龙爪
龙尾

图 114　　　　　　　　　　图 115

图 116 的玉龙佩，长 3.6cm，于陕西省扶风县齐家村 41 号墓出土，现

藏于宝鸡市周原博物馆。这件玉龙属于比较少见的类型，无爪，圆雕，头下尾上呈倒 C 形。打磨得比较圆润，玉龙显得憨态可掬，圆眼，眼睑只有上部分，鼻头圆憨，嘴部有孔洞，颌部有如鳃鳍般的∈纹。

图 117 标识出尾部由成形的大羽纹和小羽纹组成，通过深浅的蓝色加以区分。这是西周玉器的特有纹饰。这件玉龙的造型对春秋战国时期的玉龙造型影响深远，尤其是龙首的组合，演化并提炼成固定的图案组合元素，成为春秋时期玉龙造型的主流纹饰。

图 116

大羽纹
小羽纹
耳部
眼部
鼻部

嘴部
鳃部

图 117

图 118 的 C 形玉龙佩，高 4.2cm、宽 2.7cm、厚 0.4cm，于陕西省西安市长安区张家坡 176 号墓出土，现藏于中国社会科学院考古研究所。是无爪龙的造型，整体风格简洁，线条硬朗，与图 117 的玉龙风格相反。在表现玉龙纹饰时，线条直硬而不拘小节，显得方硬，即便是转折部位也是用直的线条接转过去，虽显粗糙，但保留了一种粗犷大气、简单直率的味道。

图 119 把阴线提取出来，可见眼用双阴线勾勒成菱形眼，凸显一种彪悍不羁的风格，这种表现风格使人想起李苦禅大师在画鹰时，为了表现鹰的凶猛，几经推敲，把鹰眼画成扁方形而非真实的圆形，十分充分地把鹰凶猛、桀骜不驯的内在性格表现出来了，这就是艺术化的魅力。玉龙的大舌向下卷起，舌尖与下嘴唇相连，这一特点在西周中后期龙纹饰中较为常见，一直延续到春秋早期。龙的背部有出脊，呈出廓状，立体感强。尾部用盾形纹装饰。

图 118   图 119

图 120 这组玉佩为西周时期较典型的珠玉组合方式，做工精良，工艺上乘，是由 10 件大小形状不一的玉件和若干红色西周玛瑙珠组合在一起，显得奢华无比，光彩夺目。其中 7 件玉器上都装饰有龙形纹饰，有的玉佩上面还有人首龙纹，很独特。玉质细腻，形状不同，由于造型的需要有参差不齐的出脊。这组玉佩反映了西周玉器的组合佩戴方式。戴玉佩的君王，走动起来定然是环佩叮当，清音悦耳，但由于大幅度的动作定会损伤到玉器，故须保持步履稳重缓慢，仪态端庄，行止自然而然地受到约束而显得执重有礼。

图 120

图 121 的龙首神人玉佩由龙和神人组合而成，采用典型的西周一面坡阴线工艺。这件玉器有圆眼的部位可以清楚地看到，圆的内侧为陡立面，

然后向外延伸扩散形成缓坡，在视觉上有强化立体的效果。阴线条的宽窄也是不一致的，根据整体的图案需要来变化，一般在转弯处会宽一些。以图122为例，整体纹饰呈斜向对称，有龙首两个，浅蓝色部分为长眼睑"臣"字眼，浅绿色部分为圆形眼的龙首；"臣"字眼的龙首略大一些，桃形如意耳，长伸龙舌与另一龙长舌交绕一起，其末端浅黄色部分却是一个侧面神人像，可以非常清楚地观察到眼鼻耳等要素，在玉佩中心形成一种涡旋缠绕的效果。并有两个相通的牛鼻穿孔，应该是供系佩用，整件玉器的图案有一种律动感。

图 121

鼻部
舌头
角部
眼部
耳部

神人首
人眼部
人耳部

图 122

推敲图案的内涵，与龙在一起的一定非凡人。自古就有黄帝铸鼎功成、驭龙升天的传说，而每个有抱负的帝王都渴望达到黄帝的丰功伟绩，所以西周帝王视"驭龙升天"为终极功德大成，故把这一题材雕琢在玉器上面，随身佩戴，是一种祈愿，也是一种自我的标榜。这一题材也是西周龙纹玉器中常见的纹饰之一。此玉佩图案构成非常精妙，人与龙之间的幻化也非常协调，自然得趣，毫无矫饰之笔。

图123的龙凤神人玉佩，高 6.6cm、宽 2.3cm、厚 0.4cm。于陕西省西安市长安区张家坡 157 号墓出土，现藏于中国社会科学院考古研究所。玉龙是 S 形龙形，线条十分简洁，但内容却很丰富，由龙纹、凤纹、人首纹组合而成。线条直且硬朗，并且参差不齐，呈现较为粗糙的风格，反而有一种纯朴天真的童趣。

图 123

图 124 的标注图如同儿童绘画作品一般，天然无心机，虽然有许多细节不讲究，但却描绘出最本真的内容。龙的眼简化到只有上下眼睑，S 形龙身是个共用体，绿色一侧为龙头而浅蓝色的另一侧为凤首。凤首有夸张的眼和圆钩的嘴，造型呆萌，憨态可掬。凤首上浅黄色部分为人首像，侧脸，大圆鼻，又似做回首张望状。

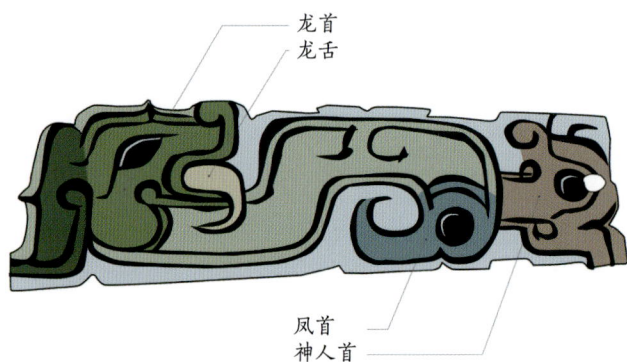

龙首
龙舌

凤首
神人首

图 124

图 125 的龙形玉佩，长 6.6cm、宽 2.9cm、厚 0.5cm。于陕西省西安市长安区张家坡 157 号墓出土，现藏于中国社会科学院考古研究所。玉色青白，质地纯净。片状玉器。

图 126 为描绘图，图案中部为一蜷体龙，翘鼻卷舌，头上有角，圆目，张口吐舌，舌向后卷，龙身弯曲呈圆形，并与嘴部相连，两侧与龙尾呼应，形成透雕装饰，龙前端镂空部分似是雕琢了回首凤鸟形，肢爪前伸，十分形象。双面纹样相同。

图 125   图 126

图 127 这件双龙纹玉璧，直径 15.6cm、孔径 6.8cm。于山西省曲沃县晋侯墓地 63 号墓出土，现藏于山西省考古研究所。此璧是目前出土发现的最为精彩华丽的一件西周龙纹玉器。工艺极其复杂，装饰内容十分丰富，玉璧每面有 2 条龙纹，均为单肢龙爪，从造型看为典型的 C 形龙，并且头宽尾尖，臣字眼，内眦内勾，外眦外展，圆眼珠，龙爪尖锐如钩，搭在颌下，龙肢结构用羽纹表现，可以见得有两个大小不同的羽纹刚好表现出龙肢蜷起的样子。

图 127

在熟悉西周纹饰的元素后，就会发现基础元素纹饰为羽纹，这在《格天敬物》一书中有很详细的分析。很多西周玉器装饰图案就是用大小不一或变化的羽纹排列颠倒反复组合而成。对比商代玉龙，可以非常清晰地看到，这些羽纹其实来源于表现龙的前肢的结构形状（对比图 128 用蓝色标记出的结构纹）。圆点代表关节节点，长弧线代表龙肢的形态，末端的曲钩在无爪龙的商玉龙纹饰中却是代表了蜷起的龙爪。图129把商代玉龙的结构纹和西周玉龙的结构纹（羽纹）放在一起比较，之间的演化和传承关系一目了然。羽文上的"丌"形又有什么意思呢？从商代的玉龙上找，显然是从龙腹部这一凸起演化而来的，具体的象征在前文阐述中推测为幼龙的脐带。

图 128

图 129

图130、图131这两件商代玉龙上用黄线圈注的部分即是"丌"纹形状，所以说这些羽纹来自结构纹的演化重组，应该是比较明显的。

图 130

图 131

图 132 回到图 127 这件玉璧的描绘图，可以发现在龙爪的上部是表现结构的羽纹，用浅黄色标识出来，可以看得很清楚，有两组羽纹分别代表龙肢的外轮廓和内轮廓。羽纹末端衔接锐利的龙爪。再往后是躯体羽纹组合单元，是由 3 个简化的羽纹组成，用浅渌色标识。龙尾羽纹组合单元亦是由 2 个简化的羽纹组成，用浅红色标识出。

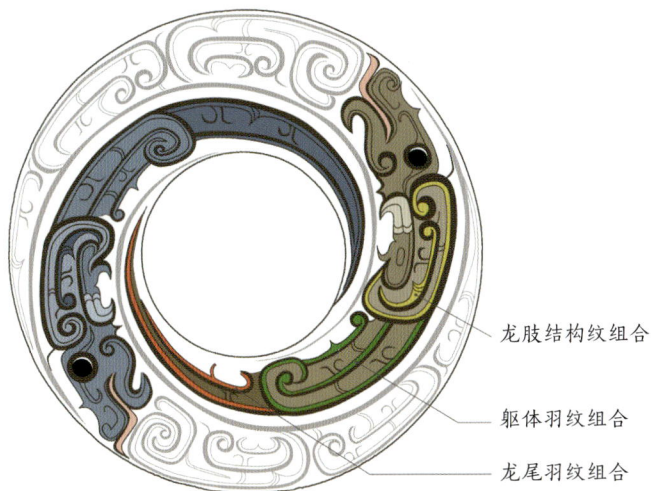

龙肢结构纹组合

躯体羽纹组合

龙尾羽纹组合

图 132

图 133 标识出龙形组成的各个部分。两条龙之间有两条分隔的凸起阳线，用的是双阴挤阳的工艺，而龙的主造型轮廓则用单面坡宽阴线来表现，

伴随单面坡宽阴线的是一条窄阴线，起到了强化装饰的效果。使图案显得更丰富，尤其侧光欣赏，那种宽窄不一的变化产生一种华丽富贵的感觉。从大的构图来看，以中心的圆为核心，呈涡旋状向外扩张至最宽阔处正好是龙头的位置，有头大尾尖、近大远小的透视效果。这种表现方法有一种三维立体效果，如同在宇宙深处宛如黑洞般深邃处有两条龙缠绕着飞了过来，整个图案充满了涡旋状的动感。

看图134，无论从平面理解两条龙首尾衔接，于极尽处又发生的生生不息的含义，还是从空间理解龙自宇宙深处飞来，都威严而神秘，凶悍而富贵华丽。

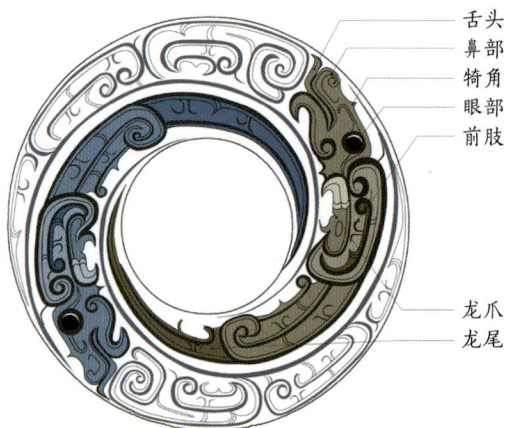

舌头
鼻部
犄角
眼部
前肢

龙爪
龙尾

图 133

图 134

这种把二维三维空间结合在一起的艺术表现，真是绝妙，无论大局的律动还是小处细节一丝不苟的处理，无论块面与线条的结合还是长线的一气呵成，无不体现了西周玉师的精湛技艺和艺术水平，是西周鼎盛期玉器的典型代表作品。龙纹表现出的那种自信与富丽堂皇的气度也是西周王室的精神反映。

图135的龙首玉觿，长7.8cm。于山西省曲沃县晋侯墓地63号墓出土，现藏于山西省考古研究所。

玉觿是开智的象征，在《诗经》中就有童子配觿之说。这件西周龙首玉觿造型非常生动，与图127的玉璧同出于一个墓室，故两件的工艺特点相同，线条组合显得丰富饱满华贵，转弯圆润，鼻尖上卷，下嘴唇下卷形成孔洞，可供系戴用。身体后半段用斜阴线装饰，形象地表现出龙盘旋环绕腾起状。图136是从图135上提取出的线条纹饰，既充满了动感韵律，又华丽堂皇。这件作品的设计者深谙图案美学的真谛，具有深厚的哲学思考，而这却是3000多年前的作品，是令我辈折服的创造！

图 135

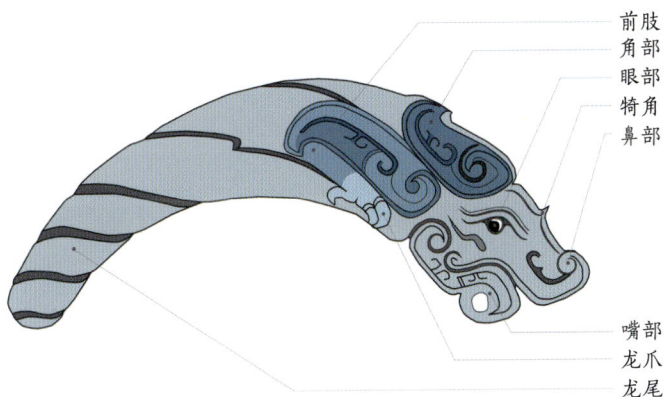

图 136

图137为西周玉器龙形演化过程，造型从早期的简洁逐渐变得丰富华丽，一面坡工艺的运用也日渐成熟，越来越规范严谨。

图 137

综上所述，可以看出，西周是非常注重礼仪规范的历史朝代，而用于规范礼仪最重要的标志是佩戴玉器。《周礼·春官·大宗伯》中记载："以玉作六瑞，以等邦国；王执镇圭，公执桓圭，侯执信圭，伯执躬圭，子执谷璧，男执蒲璧。以玉作六器，以礼天地四方，以苍璧礼天，以黄琮礼地，以青圭礼东方，以赤璋礼南方，以白琥礼西方，以玄璜礼北方。"对玉器的使用有十分严格的规定。也证实了玉器在西周统治时期所具有的重要价值和意义，玉器不仅仅是装饰物，也是赋予了特定含义的凭信，更是代表了权势地位和品行，承担了礼乐等级制度的具象载体。这一时期是中国玉文化的礼玉时期，玉器作为礼玉器，渗透了更深更广泛的社会阶层，来规范人们的行止，教化人们的德行，以礼治国，中华文明礼仪制度得以塑建。玉龙纹饰的艺术风格受此影响，玉龙的造型纹饰日趋规范，图案单元进行了整合和提炼，不再是直白的描绘，而是抽象化、符号化。结构纹饰转化为羽纹就是图案单元优化的反映。这种图案的抽象化、符号化提高了玉器的应用度和辨识度。玉龙纹饰的表现也逐渐程式化、规范化。由于工艺水平的提高，玉龙纹饰内容越来越丰富饱满，把二维三维空间有机地结合表现，也是西周玉龙纹饰的创新。总之，通过玉器龙纹饰的单元图案的规范和创建，更有力地配合了西周礼玉制度的建立和完善，在统治中起到了不可或缺的作用。

春秋时期是中国文化大发展大变革的时期，在这个转型期，尽管西周以来的传统礼仪制度观念仍起着巨大的作用，但周天子的政治权威在动摇与衰落，这些变化正是春秋时期思想文化转型得以实现的历史条件。了解这一背景，有助于我们认识分析春秋时期玉器纹饰的特点。

在这一时期，玉依然是王室诸侯所垄断享用的资源，玉器的制作工艺也体现了当时社会生产力的最高水平。其器型纹饰的艺术塑造，代表这一时期社会的主流审美取向。以龙为题材的玉器更是正统、最权威的反映。相对于西周玉龙纹饰的规范制式，春秋玉器龙纹饰丰富了许多，并且呈现抽象化、符号化的趋势，以至于对于初次看到春秋玉器龙纹饰的人来说，这些弯弯曲曲的线条和造型就像图形密码一般。因此对这一玉器题材做深入的剖析和解读，对龙纹饰历史演变的研究具有十分重要的价值。

玉器上的龙纹饰从红山文化开始，历商周发展至春秋，这种传承关系是很明显的。从红山文化的玉玦形龙、玉C形龙，到商代的C形龙以及西周时期更为图案化、规范化的龙形玉器，其主要功能多为规范行为和界别等级。从出土的西周玉器来看，其表面装饰的龙纹造型基本有统一的规制，加工工艺也以一面坡工艺为主，即便是从不同地区出土的玉器，工艺也大同小异，似乎在制作上都有一定的规范和约束，是治玉人不能逾越的，当然也存在一种可能，这些玉器是周王室统一加工制作后赏赐于诸侯的。

但是以此现象为对照来看春秋时期的出土玉器，我们会发现这一时期以龙为题材的玉器明显出现了很多变化，主要有以下几个方面。

造型装饰纹饰的多变性：突破了西周玉器龙纹饰的程式化模式，各地出土的玉器龙纹饰的图案有明显的差别，这也许是受春秋时期诸侯割据局面的影响，各诸侯有不同的审美取向和个性要求。龙纹饰逐渐变得丰富，除了 C 形等传统龙形题材外，还出现了 S 形龙、多龙形组合等。装饰纹饰更加多样，并且图案纹样经过了提炼，变得抽象化、符号化，同时出现更加简练的几何图案。

加工工具的多样性：通过对这一时期出土玉器加工痕迹的观察发现，不仅有西周主要的斜刀工艺的遗留加工痕，用砾石刻画的加工痕，另外出现了典型的直砣具加工痕迹，也就是其后 2000 多年都在沿用的玉器加工方法——砣加工工艺。

据图 138、图 139 所展示的秦式玉佩可以清晰地看到砣具加工留下的痕迹。看起来歪歪扭扭的线条，放大后可以观察到直线由呈枣核形（中间宽，两端尖细）的短线条相接而成，线条转折的部位亦是如此，只是重叠的部分更多。这明显是砣具加工遗留的痕迹，也称"砣痕"。

图 138

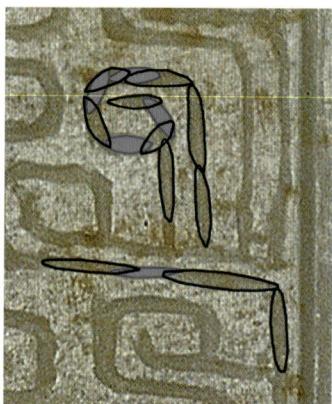

图 139

艺术表现的演进性：从早期多是在平面玉器表面琢饰阴线图案，有单阴线、双阴线等渐进变化出压地起凸的浮雕工艺，为其后战国玉器的蓬勃发展奠定良好的基础。

地区风格的差异性：从陕西、山东、河南、山西等地的出土玉器来看，这些原属秦、齐鲁、虢、晋等诸侯国的玉器，艺术风格差异明显，审美取向明显不同。

以下，通过不同地区出土的玉器，来加以举例说明。

中原地区出土玉器

图 140 是一件春秋早期的龙纹饰玉器。出土于河南省三门峡市上村岭虢国墓地，春秋时期属虢国管辖。虢国是姬姓诸侯国，为王室贵胄，也是中原核心文化地区。玉料呈浅绿色，器型为扁平状，呈 C 形，C 形龙是玉龙造型的重要形式之一，源于红山文化时期，商代和西周玉龙造型都有传承。这件春秋玉龙龙首宽大，头顶起脊，双阴线椭圆眼，鼻上卷，颌部用圆形节点表示，嘴里伸出长长的舌头，并向下翻卷，这是非常独特的造型要点，在春秋玉龙造型中频繁地出现。图 141 标注出玉龙五官构成的部位名称，有助于我们辨识抽象化的龙首纹饰，更好地解读龙纹饰的图案密码。由于是春秋早期的玉器作品，龙纹造型依然充满浓郁的西周风格：龙纹形象具象，用阴线勾勒出轮廓，加工用一面坡工艺明显，阴线有粗细两种，继承了西周玉器的加工风格。由于有明确的考古发掘记录，这件玉龙佩成为界定春秋早期玉龙造型的标准玉器之一。图 142 为描绘图。

耳部
眼部
鼻部

舌头

图 140   图 141   图 142

图143这件龙纹玉环于河南省光山县宝相寺出土，现藏于河南省博物馆。玉环器身两面均布满龙纹装饰，采用的是春秋时期较为常见的双阴线勾勒龙形的工艺。

为了更好地分析研究，这里用蓝色线条把部分龙纹勾勒出来，穿插其间的凤鸟纹用黄色线条勾勒（见图144）。这时可以清楚地看到玉器表面布满了双阴线雕琢出的龙凤组合纹饰，这是同期玉环中较为少见的样式，充分体现了中国传统文化中"龙凤呈祥，阴阳相济"的哲学思想。

图143　　　　　　　　　　　　图144

玉环表面龙首纹饰分为内外两圈，外圈为15组连续龙首纹，前后紧密衔接，龙首纹构成的结构元素前后相互借用，见图145用浅蓝色填充部分，深蓝色标识出的是单元龙首纹饰。仔细辨别有吐舌和无舌的龙首，其中有双阴线眼的龙首8组和单阴线眼的龙首7组，细节上稍有差别。

内圈龙首纹工艺方法也一样，共计10组连续龙首纹，见图146用浅褐色填充部分，深褐色填充部分为单元龙首纹饰。龙亦有单阴线眼龙4组和双阴线眼龙6组。

外圈 15 组龙首
纹饰头尾衔接

图 145

内圈 10 组龙首纹饰
连续图案头尾衔接

图 146

图 147 为局部图，其间穿插装饰着凤鸟形纹饰，共计 12 组。有个明显的现象，在凤鸟周围的龙首纹多是双阴线眼，远离凤鸟的龙首纹多是单阴线眼。

凤鸟纹间隔不规则布局，12 只凤鸟按 1、2、5、4 的数量分四组集中分布，见图 148 用浅黄色填充部分。凤鸟轻巧飘逸，姿态各异，如在林间欢乐地嬉戏，显得活泼生动。

图 147

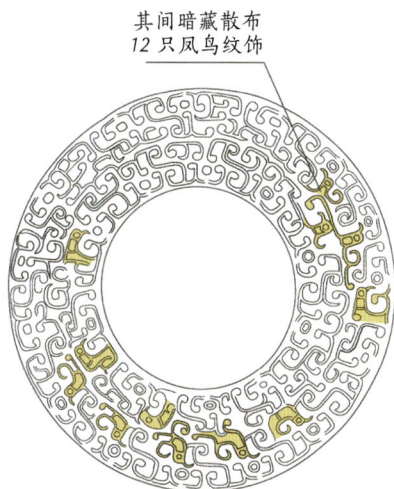

其间暗藏散布
12 只凤鸟纹饰

图 148

图 149 的玉璜是河南省光山县出土的，制作风格充分体现了中原地区诸侯国的审美特点。玉璜器身遍布装饰龙纹，每面有 4 条龙。

在图 150 中用浅蓝色线条勾勒出其中两条，可以清楚地看到龙首装饰非常华丽，线条优美，并且龙首纹饰组合元素丰富，甚至于脊角部位有眉线的装饰，线条本身也有宽窄变化的韵律。璜的另一端是凤首造型，弯尖的嘴，大眼圆睁。局部图案还保持了西周玉器龙纹饰的装饰特点，比如用一宽一窄的双阴线勾勒龙首造型，就是秉承了西周龙纹图案的主流装饰风格。

图 149

图 150

图 151 为同时期同墓葬出土的一件玉琥形佩，整体为虎形，身上装饰着龙首纹，辨识出有 4 组，与玉璜一样，均用双阴线勾勒，线条圆润。

4 组龙首纹各不相同，变化丰富：眼睛有双阴线和单阴线，鬣部样式不同，舌的形态不同，等等（见图 152）。

图 153 罗列出来的 4 组龙首纹均不相同，虽然龙首图案进行了简化提

炼，只保留了基础造型构成元素，其中前两组则连鬣部都省略了，但仍能看出雕琢的线条婉转变化，有起笔转弯、按捺的书写韵味，整体就显得丰富圆润，有饱满感。

图 151

图 152

图 153

图 154 是玉璜上两组完整的龙首纹饰，双阴线圆眼，鼻部蓝色龙方正，黄色龙圆翘；眉部都有斜索纹装饰，显得威严庄重；舌部蓝色龙下卷弯起，黄色龙呈现 S 形前伸状的三条阴线；颌部蓝色龙以圆节点代表，黄色龙用折线描绘，显得更具象一些。两龙首纹除了眼部，其余部位几乎都不一样，

可见中原地区玉器龙首纹饰还是追求艺术造型的变化，使得龙的形象丰富多样，更加有个性的追求。

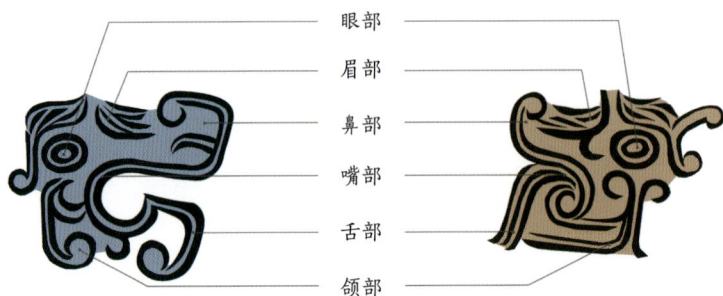

眼部
眉部
鼻部
嘴部
舌部
颌部

图 154

图 155 是玉琥佩上的龙首纹，同样各个组成部位都有不同。对比璜与琥上的龙首纹，璜上的龙纹显得方正威严一些，加上眉部斜索纹的装饰，显得富贵华丽，有艺术的饱满感，琥佩上的龙首纹则简洁温婉，有柔美感，更抽象、更有符号化的成分凸显出来。当然，这也是春秋典型期的玉龙纹饰的重要标志，在推崇以法家治国的秦人那里尤其明显，符号化成为这一时期玉器龙纹饰的主流风格。

鬣部
眼部
鼻部
舌部
嘴部
颌部

图 155

由图 156 可以看出，春秋早期的龙纹更加具象，以这个为基础衍生出许多不同的龙首纹图案，但万变不离其宗，基础的结构元素保留，这是龙纹认同的基础，但多样的变化又产生丰富的艺术美感，让玉器上的龙纹生动活泼，充满了趣味。

图 156

春秋时期的秦式玉器

秦是以法家为尊，其代表人物为商鞅、韩非子、李斯。法家的核心价值观是以法治国，法为严格规矩的律，故秦式玉器风格形成不免受此思想影响。秦式玉器龙纹图案的主流纹饰多是以直行线条表现，转弯处也多呈现为直角，线条回转烦琐但却直来直往，粗细也基本一致。单元龙纹图案排列规矩，多是一板一眼地依次排列，其中的组成元素很少有变化，以现在视角来看，如同集成线路板一般。虽直接简单，有规律，却显得刻板生硬，不讲趣味，缺乏婉转变化的味道。

图 157 的盾形玉佩于陕西省凤翔县南指挥村秦公 1 号墓出土，现藏于秦始皇兵马俑博物馆。长 2.8cm、宽 1.6cm、厚 0.3cm。白色玉质，阴刻线雕琢出龙首纹图案。

我们用墨线把龙首纹勾勒出来，尽量保持由砣具加工的参差不齐的样子（见图 158），清晰可见龙纹的基本纹样元素为几何纹饰，图案与西周龙纹玉器风格有较大的区别。就现有资料对比看，是秦式玉器风格成熟期的典型器，纹饰简洁、洗练、大气；砣具加工有力度，奔放无忌，不拘小节，虽稍显粗糙，但具有粗犷的美感，有镌刻碑石的韵味。

图 157

图 158

这件玉器上出现典型砣具加工痕迹，也是国内一些学者公认的具有典型砣具加工痕迹的时间最早的出土玉器之一。可以十分清楚地看到橄榄形砣具痕，起砣下砣的角度的变化。在纹饰转接的部位，砣痕错位明显，或许正是对砣痕的不加修饰，才给我们留下了破解工艺的钥匙。

这件玉器把龙首纹用几何线形进行了概括提炼，极难辨别。仔细观察后会发现，其实是把相反方向的两个龙首组合在一起。下面我们把两组龙首纹饰分别用蓝色、绿色标识，来做一下比较（见图159）。

图160是龙首纹组成部分的示意图，先找出龙的眼，这是比较容易看出的，单阴线椭圆形。鬣部的形状是一致的，鼻部略有不同，但可辨识。颌部很清楚，舌部用回形线标识。整体线条粗犷不羁，金石味十足，颇具自然朴拙的艺术美感。在这里，龙首纹已经被抽象化和符号化。此件玉佩的纹饰虽简单，却有助于我们认识秦式玉器中龙首单元纹饰的最基本的构成元素，掌握这个基本构成元素，便可以解读很多的秦式龙纹玉器，进而看懂很多春秋玉器龙纹饰的构成和含义。下面列举一件龙纹饰更为复杂的秦式玉器。

图 159

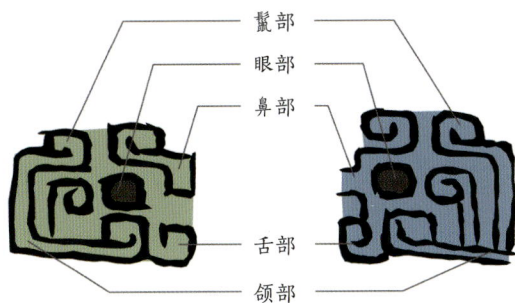

图 160

图 161 的龙纹方形玉佩，于陕西省凤翔县南指挥村秦公 1 号墓出土，现藏于秦始皇兵马俑博物馆。装饰有非常典型的秦式龙纹图案。

图 162 把龙首纹用线描摹出来，乍眼看去，仿佛是某种线路图纸，繁密严谨，规律单调，像是现代机械绘图软件绘就的。

图 161

图 162

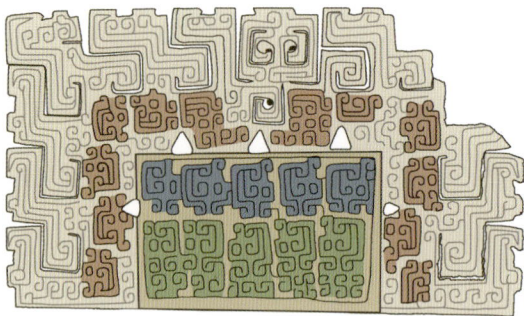

图 163

　　仔细辨识，这件长方形玉佩饰，有一角是残缺的，三边均镂雕出方折线形孔隙，边缘加工成"几"字形出脊，中间有小一些的凸起的长方形台面。从台面底部向上刻一深槽，以便将玉牌嵌入他物中。在长方形台面上阴细线雕琢出10组龙首纹饰，台面的边缘之外镂雕5个三角形透孔，周围也是阴细线雕琢的龙首纹，现存并可以辨别出完整的有12组，用红色填涂出龙首纹饰组合，图形组合完整的有10组，有2组是不完整的，用蓝色虚线圈框出（见图164）。余处皆阴刻S形纹或平行的折线填白。两面纹饰基本相同。

　　这件玉佩中间有凸起的长方形台面上的10组龙首纹饰又分成两列，其中第一列5组龙首纹饰虽有细小的差别，但构成基本要素几乎是一样的，在图中用蓝色表示出来（见图164）。第二列5组龙首纹饰与上列呈垂直翻转排列，只是脖颈部分多了几组S形纹饰，在图中用绿色标识。从中用红虚线圈随意选取两个龙首纹饰，然后把两组龙纹饰调整到同一视角，进行对比分析，可以清楚地看到虽然有细微的不同，但组成单元图案基本是一致的。图165标注出五官部位的名称，帮助我们认识所有龙纹组合单元。相较于前朝，龙首的纹饰变得抽象化、符号化。相对而言，低洼面上龙首纹饰组合更繁密丰富一些，组合形式也更自由一些，龙躯体似乎演化成用更细长的曲线表示，每组龙纹饰都有不同的变化组合，更显丰富效果。

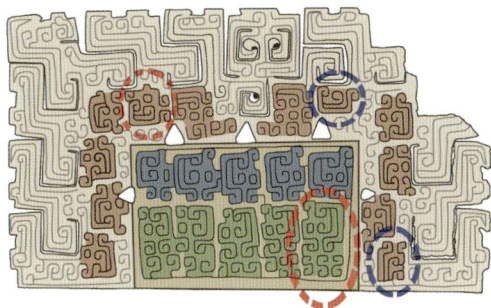

图 164

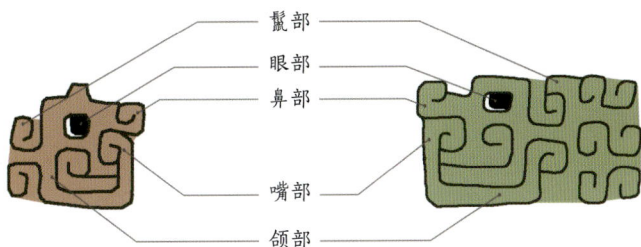

鬃部
眼部
鼻部
嘴部
颌部

图 165

总体来看，龙纹饰更像一种方折线的组合，线条没粗细的变化，转折生硬，宛若游丝般穿行，如同现代的线路图一般繁密、精准、刻板。

除了这种异形的玉器，常见玉器类型里的玉璧亦是同样的装饰风格。

再来看图 166 这件龙纹玉璧，于陕西省凤翔县河南屯遗址出土，现藏于凤翔县博物馆。玉璧呈墨绿色和浅绿色，边缘受沁有土斑。玉璧表面布满了单阴线装饰的龙纹饰，同样以方直线表现为主。

图 167 把部分龙纹勾勒出来，有助于我们更好地认识了解。玉璧中的纹饰分为 4 圈：最中心有一圈装饰的三角形纹，似乎是从西周的羽纹演化而来，两两一组，共 5 组 10 只三角羽纹，用浅绿色部分标识。

向外扩一圈为 14 组，龙首纹饰呈连续纹样（见图 167 浅蓝色部分）。再往外一圈是双龙首，为共用一个躯体的单元图案。两端相对视的两个龙首，呈回首张望状。整体半弧状犹如玉璜造型一般，共计 7 组单元纹饰，14 条龙纹（见图 167 紫色部分）。最外一圈是单龙首纹饰组合，共计 24 条龙首纹。与内圈龙首纹一样，呈连续纹样，龙首依次排列，规矩齐整，前后衔接（见图167红褐色部分）。

图 166   图 167

　　两面均阴刻出秦式龙纹，每面阴刻52条，两面合计104条，玉璧表面装饰满满的龙纹。虽然线条繁缛密集，但细细循迹，脉络清楚，排列齐整，结构严谨。外缘和孔外缘均阴刻两圈细线收边。

　　由图168所示的提取出的龙纹可以清楚地看到，中圈龙纹饰为组合纹饰，两端为龙首部分（紫色标注），通过眼睛的部位可以发现龙头呈回首状，并且两端龙首呈回望相对姿态，中间浅绿色为共用的龙身，用回纹曲线装饰。内外圈的龙首纹造型十分相近，五官构成元素也几乎是一样的，细节略有差异，最明显的是一些龙纹有眼（浅色度标注），一些却无眼（深色度标注）。

外圈龙首纹   中圈龙首纹   内圈龙首纹

图 168

　　秦式玉器的异形器较多，图 169 这件灯笼形玉佩也十分独特，出土于陕西省凤翔县南指挥村秦公 1 号墓，现藏于陕西省考古研究所。白玉质，光泽好。外形如灯笼，边缘有"几"字形镂空，玉佩中心上下两端交叉对称，再镂雕成互相参差勾连的透孔。正面布满细阴线条组成的互相勾连的秦式龙纹，器物周边阴刻一圈细线收边，背面光素无纹。在互相交叉的尖足形透孔两侧各钻一对"牛鼻孔"，以便缝缀佩戴，可知其应该是附着于其他物体表面的。

图 169

　　图 170 用线条把玉佩表面的龙纹勾勒出来。这些繁密刻板的风格，充分体现了秦人的行事特点，认真耿直，一丝不苟。玉佩上的龙纹有 12 组，可以归成三种龙纹类型，分别用红蓝绿三种涂色区分。

　　绿色的是无眼龙纹组合，共有 6 组聚集在玉器的左半部分，蓝色组为有眼龙首纹，共 3 组，集中在右半边，每组造型有细微差别，但总体鼻部前伸凸起，嘴部线条内曲，与舌下卷合为一体。正中部有三条有眼并有躯体的龙纹，躯体末端收束成尖，并曲折横向，在玉佩中间形成犬牙交错的镂空效果。

　　由图 171 可见，整体龙纹呈现 1、2、3、6 的数量分布，其中上方一条双躯干完整的有眼成龙，对应下方两条单躯干有眼龙，并且这两条龙的躯干一个粗壮成熟，一个单薄稚嫩，三条龙似乎对应了龙成长的三个时期。如果把这三条龙都划归为成年之龙，那么右边三条蓝色的龙是还未化出躯体的龙，左边六条绿色的是连眼都还未生成的龙，这三组龙纹表现了龙从生发到成龙的三个过程。

图 170　　　　　　　　　　　　图 171

同时这一布局也充分体现了中国古人追求阴阳平衡协调的状态。1 与 2 对应，3 与 6 对应，皆是阴与阳的对应，其中绿色组中最简单弱小的龙首单元却与最成熟老辣的双躯干龙交织在一起，享受着呵护，在关照中成长，又体现着阳中有阴、阴阳一体的哲学理念。

从图 172 中对有眼龙、有躯体龙纹、无眼龙的比较，可以清晰地感受到龙的成长过程。龙纹中的结构元素越来越丰富，神态也似乎从含蓄胆怯逐渐变得自信昂扬，终成大器，有躯体的龙那种昂首挺胸的样子充满了傲娇。

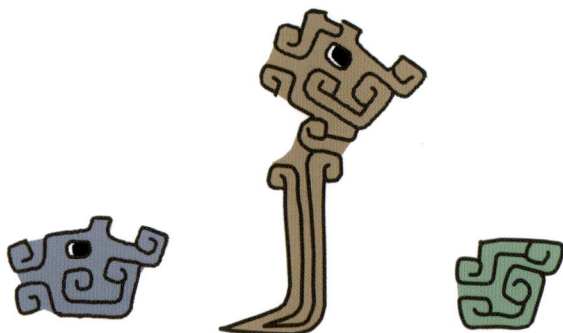

有眼龙首纹　　　　有躯体的龙纹　　　　无眼龙首纹

图 172

图 173 的龙纹玉璜出土于陕西省宝鸡市益门村 2 号墓，现藏于宝鸡市考古队。玉呈赭红色。弧形扁平体，两面雕琢有不同风格的图案，在同一件玉器上呈现出两种完全不同的艺术风格。玉璜的一面是一种单阴线表现龙首纹饰，用阴线勾勒出四条龙首纹样，其风格明显有别于其他地区春秋时期出土的玉器，阴线直行，折弯角度小，在折弯处也仅砣一下接转过，给人以砣工硬朗粗犷的感觉。近外轮廓边缘的阴线也不随形加工，依然用直阴线表现，基本纹样元素为 S 形及回形纹（图 174）。

图 173

图 174

另一面却运用浅浮雕的表现，剔底起凸，起凸的坡面过渡自然，圆融光滑，折弯的角度变大，接转砣工数增多，使转弯自然圆融。不仅起凸的部位如此，其上的装饰阴线同样圆融了许多，装饰的纹样也随外轮廓的变化而柔和弯转，底部多以阴线斜纹装饰。

从工艺特点上看，一面用砣具砣出阴线，洗练直接，砣线的粗细变化不大，似是用一种规格的砣具完成，表面也没做抛光处理；另一面，工艺成熟复杂得多，有浮雕，减地起凸，有抛光打磨，砣阴线的粗细有变化，主纹饰用大砣做出大阴线，辅助纹饰用小砣做出小阴线，给人一种饱满丰富的感觉。

从以上工艺可以看出，此龙纹于璜应该是春秋晚期的作品。纹饰由四条龙首组成，现分别用四种不同的颜色来表示，并加以研究（如图175）。

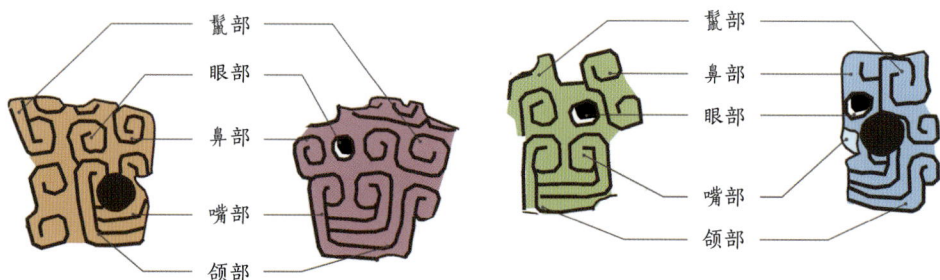

图 175

眼部的造型对比：

其中三个均为同一制作方法，即用阴线勾勒出眼的轮廓为近圆形，而橘黄色的龙首图案眼的位置是用阴线勾勒涡旋状的回形纹来表示。

鬣的图形构成也都有差异，完整清晰的是红色龙首，由横向的S形纹代表；黄色龙首纹的鬣变异为竖向；绿色和蓝色龙首的鬣是不完整的，只有一半或者说只有涡状的回形纹元素来表现。

鼻及嘴唇部的造型比较：

似乎都不是很完整，但如果把下唇的上边缘线借进来整体看，构成的基本元素就都有了，又是很完整的构成，这种构思和运用着实巧妙。特殊的是蓝色龙首，其嘴的部位是鸟嘴的形状，可以理解为凤型的演变，那么也就联想到前面那件河南省光山县出土的（图149）春秋中期的玉璜。其两端为龙凤首图案，是古人有意表现龙属性的不同，即为一雄一雌慢慢到后期一龙一凤的演变过程，至战国出现的S龙形玉佩，经常会看到一端为龙首，另一端为凤首，最终表达一种阴阳相济、阴阳平衡的思想理念。

舌及颔部的形制：

图案很明确地表现出这一元素，与春秋早期的造型相比较，演进的现象是很明显的，早期更具象的下唇与上唇结合卷曲线形，及颔部位收束的内弯圆形，用同样的涡状回形纹来表示，有所不同的是，一个是顺时针旋转，一个是逆时针旋转，表现轮廓的双阴线的间距拉大，开始追求线条间的相互平衡关系，图形元素高度抽象化符号化。

图176为陕西出土的春秋晚期龙纹玉璜。玉璜为单面工，浅浮雕雕琢龙纹，共计雕琢了4条龙纹，左右对称分布。用的是减地起凸的加工工艺，并用阴线局部装饰，显得更加饱满丰富。

图 176

图177用蓝色细线把阴线勾勒出来，以便进行详细的解读分析。可以明显地看出有4个圆眼，这就说明一定由4组龙纹单元构成，结构是上下垂直镜像组合而成。

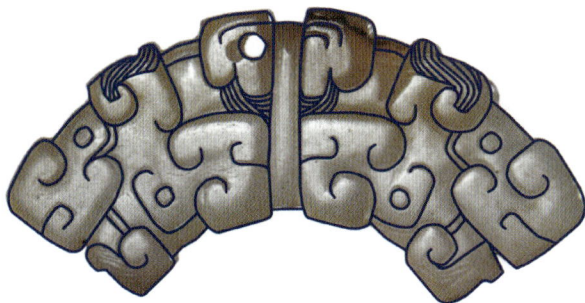

图 177

图 178 把龙形用蓝色填充，躯体部分降暗一些，这时我们会看到一只侧面的龙，前肢瘦小，后肢粗壮有力，尾巴上卷，有耳有鬣，鬣用斜索纹表示。两条龙头向外，尾部相对，形成半弧形造型。整体看是两只在爬行的侧面龙。

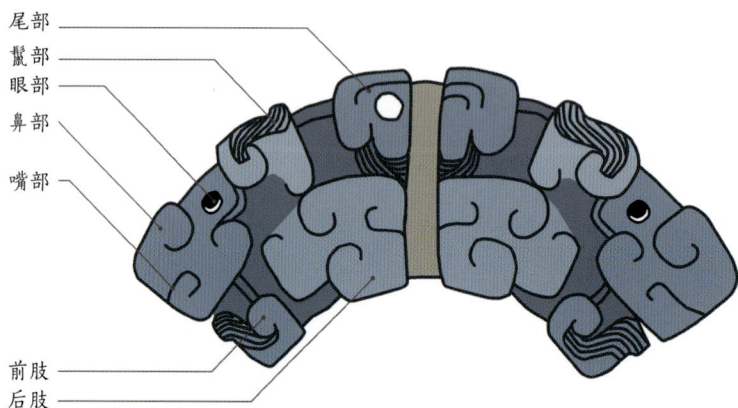

尾部
鬣部
眼部
鼻部

嘴部

前肢
后肢

图 178

图 179 把玉璜 180 度旋转之后用绿色填充，同样把躯体部分降暗，又有两条龙头相对的龙出现，只是龙头为侧向的姿态，躯体却是正向的，尾巴正对着观者。在这里，前面蓝色龙的鬣部与绿色龙的尾部是用同一结构元素，同样，其他部位也相应地进行了构成纹饰元素的换位。也就是说，用同样的纹饰元素，同样的组合，只是转换视觉角度，就能变化出不同的龙纹造型来，这是多么高超的艺术构想。两组龙纹由不同的视角成像，实际是把不同空间的龙纹造型折叠到一个平面中，这种空间折叠艺术构思，是西方 20 世纪立体主义的核心思想。这真是不可思议的艺术创造，而2000 多年前我们的古人却已经熟练地将其运用在玉器作品中了。

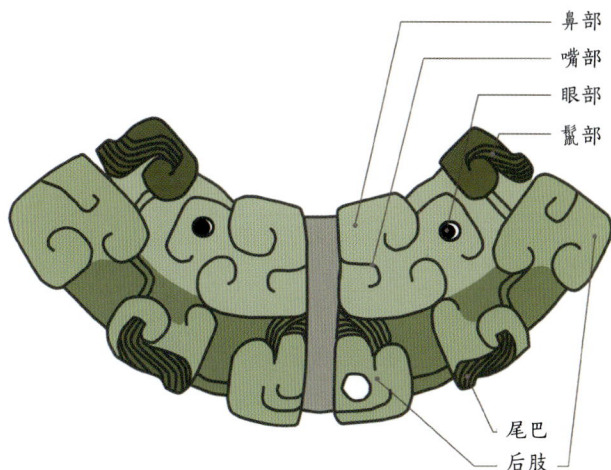

鼻部
嘴部
眼部
髭部

尾巴
后肢

图 179

相对而言，秦式玉器奉行简洁直接的风格，龙纹单调直行无粗细变化，只是一种图案符号的表达，整体韵味寡淡。艺术品位及丰富性要逊色于中原地区的龙纹玉器。对比河南出土玉器中龙纹的样子，差别非常明显，机械呆板的秦式龙纹与婉转优美的中原地区龙纹，一个简单方正，直来直往，一个圆润复杂，环绕流畅。直接体现两个地区诸侯不同的审美观，并且反映出统治者不同的治国理念。

山东出土玉器

图 180 的春秋龙纹玉器出土于山东省沂水县刘家店子 2 号墓，现藏于山东省文物研究所。青绿色，沁黄褐色。圆环状，有缺口。一面装饰图案，另一面磨光，素面。

玉玦用阴线雕琢，把龙纹饰表现出来。单阴线勾勒椭圆形眼睛，双阴线勾勒鼻部和嘴部，无舌伸出，龙首相对视，龙身体交织缠绕为一体。体现一种朴实无华的风格，感觉无需任何多余的线条笔墨来装饰。图 181 用黄、蓝两色填充龙的纹饰，可以看出两龙龙首相对，躯体交织融合在一起。

图 180

图 181

图 182 的双龙首纹玉璜出土于山东省沂水县刘家店子 1 号墓，现藏于山东省文物考古研究所。有黄褐沁斑。表面饰龙纹，一面抛光，受沁严重。一端有三个圆孔，另一端有两个圆孔。

图 182

纹饰特点：双龙首玉璜，龙头向外，龙身结合为一体，用双阴刻线勾勒出纹样图案，基本纹样元素为 S 形图案。

工艺特点：这件玉器上可以观察到很多的刻画痕迹，极像用砺石刻画出来的。

图 183 提取璜身上的纹样图案，比较研究发现，有接近二方连续的图案出现，一个横向的 S 形纹饰反复出现（二方连续纹样是指一个单位纹样向左右或上下两个方向反复连续循环排列，产生优美的、富有节奏和韵律感的横式或纵式的纹样），并被用来表现龙首的图案组成元素，例如：

鬣的部位用双阴线来表现，勾勒出轮廓，带有一面坡的特点，形制为横向的 S 形，下唇及颔部用双阴线来做，明显的 S 形图形元素单位。鼻及嘴上唇部用双阴线来表现，也是接近 S 形图形元素单位。

这件玉璜出土于春秋时期齐鲁地区，看起来与中原地区的纹饰有很明显的不同，其以 S 形的图形元素为基本构成，通过二方连续来装饰，简化了纹饰内容，减少了制作难度，同时又产生强烈的韵律感，纹饰风格很独特。

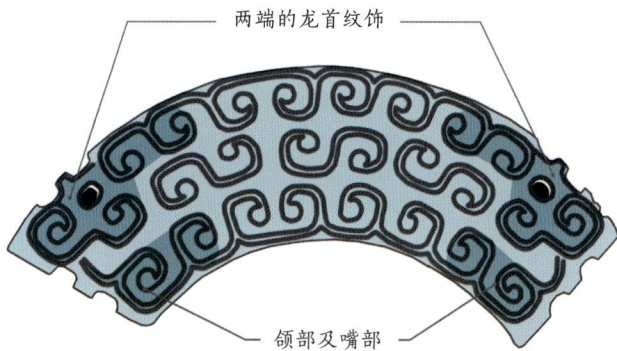

图 183

山西出土玉器

图 184 这件春秋早期的龙纹玉璜出土于山西闻喜县上郭墓地。玉璜两端雕琢了回首龙纹。单阴线半坡工艺的椭圆形眼，有脊角，有出脊。宽阔的鼻，舌头弯卷前伸向下。

图 184

这件玉璜端庄大气，遗留着西周龙首纹的风格特点。图 185 用墨线把龙首纹勾勒出来，并添上灰绿色。可以对比观察五官部位，几乎没有什么差别，线条简洁有韵律。图 186 中间部分为人首龙身像，单阴线圆形眼，圆钩形的鼻子，蛇形躯干，如果把整个璜体看作双龙共用的躯干的话，这蛇形躯干如同从其上生发成长出一般。人龙合体的题材在西周玉器中时有发现，应该与"黄帝驭龙"有联系，这显然受到西周玉器的影响，无论是题材还是加工工艺。

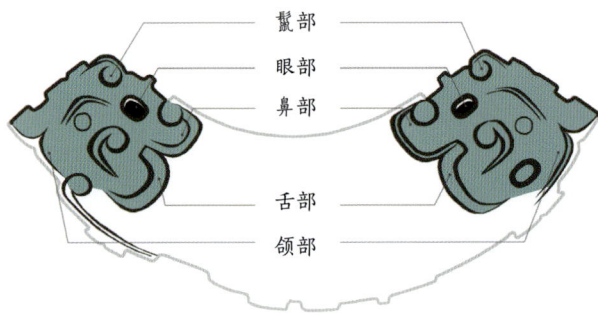

图 185

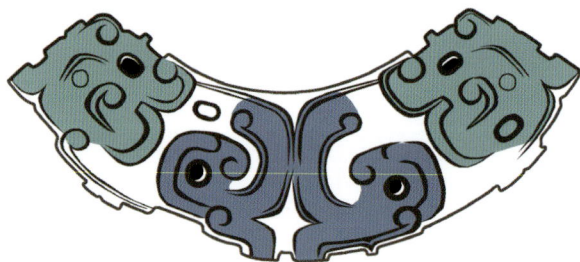

图 186

图 187 这件山西太原金胜村出土的片状玉器，周身遍布龙首纹单元组合，就不一一列举了，只提取中间部分的龙纹组合。

从红色虚线框住部分可以看出，在这一方形单元中有三组龙首纹（图188）。如图 189 所示，最上方蓝色部分是龙首组合，由眼、鼻、嘴、耳等元素构成，并有下卷的舌头。这龙首纹是非常成熟的，也表明是春秋中晚期的加工风格。最下方蓝色部分也是龙首造型，与最上方的龙首图案呈现镜像垂直翻转效果，细节就不一一赘述了。而夹在中间的龙首用浅褐色表示，呈现了左右镜像的效果，整体单元图案互相补充，又略有差异，浑然一体。严谨而不失华丽，卓显皇家风范。

 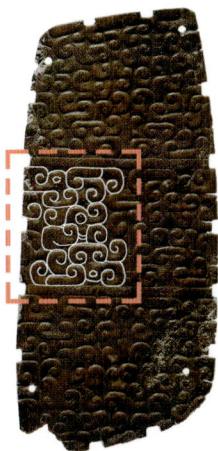 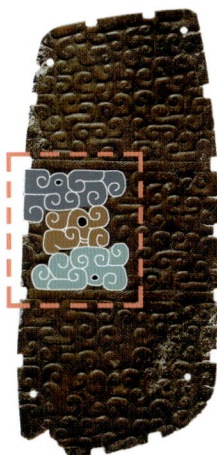

图 187 图 188 图 189

　　图 190 这件玉器出土于山西，为春秋晚期的作品。龙的形态已经有很大变化，整体呈现∽形，此正弦波是蕴含许多信息的图形，亦是能量波，寓意龙是能量的载体。原本龙纹构成的图案元素都凝缩成不同的节点，如同一个个逗点并且变得凸起，呈现出立体的效果。终于，原来平面的龙纹图案开始向三维立体变化。这些逗点又有不同的形式，有些带着尾巴，有些两三个连在一起，有的带着柄；后朝在对它的表述定名上也各不相同，有"乳钉纹""谷纹""蝌蚪文""勾连云纹"等。且不管图案在后期演化过程中又被附着什么特殊的含义，最初，这些逗点就是在龙纹图案造型中的关键节点，下面我们把这件玉龙身上的节点描摹出来，稍微联想一下就可以找出暗藏的三条龙纹（见图191）。

图 190

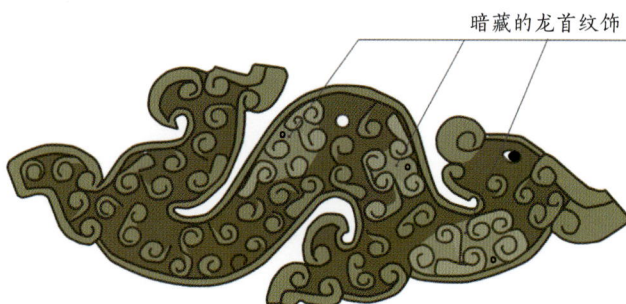

暗藏的龙首纹饰

图 191

图 191 将隐藏的龙纹用浅绿色标注出来。单独比较一下龙纹纹构成的基本要素就可以找到：卷起的鼻子，下卷的舌头，颌关节的节点，扬起的鬣部等。其中一条龙的眼睛用凸起逗点代替，另外的两条为无眼龙纹，这种现象在前面秦式玉器中也经常出现，归为龙孕育成长的现象。

我们回到整体再看（见图 192），玉佩的右端为主龙首纹饰，单阴线圆眼，圆圆的凸起的鼻子，回首张望。左端为主凤首纹饰，昂首挺胸，尖嘴如钩。下端有一副凤首纹饰，共用一个躯体。整体龙纹配有一只龙纹，主阳，两只凤鸟纹，主阴，有阴阳相济之意。龙躯攀附着三条小龙，可以找到完整的龙首造型，其余部分还分布有许多的龙形节点，或许代表尚未发育成熟的龙的幼雏。寓意将孕育更多的龙，这正是"一生二，二生三，三生万物"，生生不息的中国传统哲学思想的真实写照。

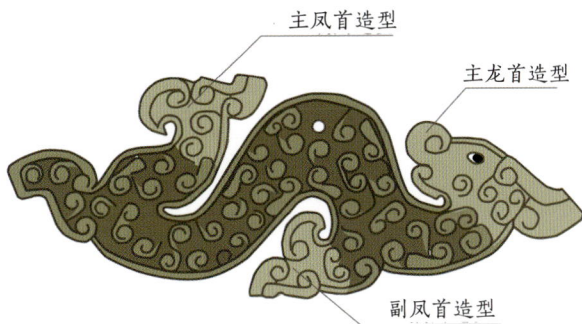

图 192

比较一下山西出土的三件龙纹玉器，把其中较为典型的龙首纹罗列出来（如图 193），可以清晰地看出龙首纹饰演化的过程。早期较为具象的龙首纹到中期开始慢慢抽象化、符号化，到晚期开始突破平面的束缚，浮雕立体的龙形造型慢慢呈现出来了。

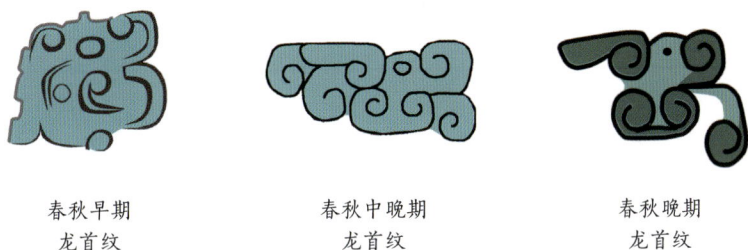

春秋早期　　　　　　春秋中晚期　　　　　　春秋晚期
龙首纹　　　　　　　龙首纹　　　　　　　　龙首纹

图 193

吴越地区出土的春秋玉器

图 194 的玉覆面，出土于江苏省扬州市邗江甘泉"妾莫书"西汉墓，现藏于扬州博物馆。浅褐色玉质，质地细润。一面饰纹，另一面无纹。从不规则的器形和不完整的图案看，明显是一件改制器，原应为春秋时期的一对玉琥，或许在佩戴过程中破损了，然后把它直接改制成叶片状的两件，在古代帝王的葬制中作为玉覆面来使用，覆盖在眼睛部位。

从其上面的图案推测，是琥形佩的可能性大，丝束纹是虎身常用的一部分，然后有连续纹饰添白，连续纹饰是以龙首纹为单元，然后斜向 45 度连续复制（见图195）。龙首的主要结构造型用双阴中宽线勾勒，不同于西周的一宽一窄线的表现，这种线形的出现代表其已经是很成熟的春秋时期的典型风格。从艺术风格来看，显然圆润很多，并且龙首纹饰经过了简化，只保留了基本的构成元素，摒弃了所有繁文缛节的装饰，显得言简意赅，却又不同于秦式玉器的直来直往，婉转曲线呈现出优美的韵味。在图196中可以清晰地看出龙首纹的基本构成元素，并且简化提炼到极致的效果。

图 194　　　　　　　　　　　　　图 195

图 196

　　图197的龙纹玉璜于江苏省吴县通安严山王陵出土，现藏于苏州市吴中区文物管理委员会。

　　玉色淡青，一边带褐色沁斑。扁平圆弧形，雕琢出同体双端对称下垂的变体龙首，张口卷唇。两面通体饰龙首纹，以浅浮雕技艺琢就，琢磨精细。背中穿有一孔用于系挂。

图 197

玉璜为江苏的考古发现，应该可以代表当时吴越地区诸侯的审美风格。就整体风格而言，这件玉璜已经是春秋晚期的作品，玉器上的龙纹已经从平面图案阴刻线条向立体浅浮雕的组合转变。

图 198 把龙纹造型用单线条摹画出来，可以看到不大的玉璜上面有五组龙纹，玉璜正中有三组朝向一致的龙首纹饰依次排列，用浅浮雕的手法雕琢，起伏过渡自然圆润，显然经过了精细的打磨。间杂着的纤细的阴线装饰，以及眉部舌部的斜索纹，丰富了艺术表现形式。

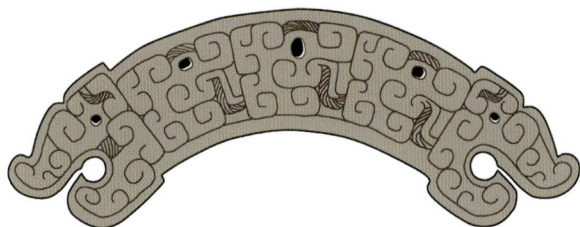

图 198

在图 199 中，璜中部的三组龙首纹头部方正，分别用蓝色和绿色填充加以区别，眼睛上部用斜索纹代表眉毛的效果，舌下的斜索纹代表胡须。中间的绿龙首眼睛开孔，既有穿系功能，又有龙眼装饰效果。

图 200 把龙首各部位加以标注，从而能更容易辨识龙首结构。

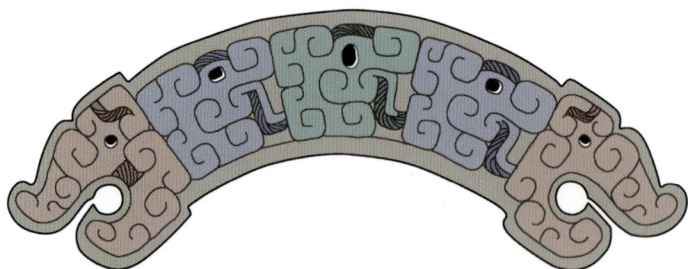

图 199

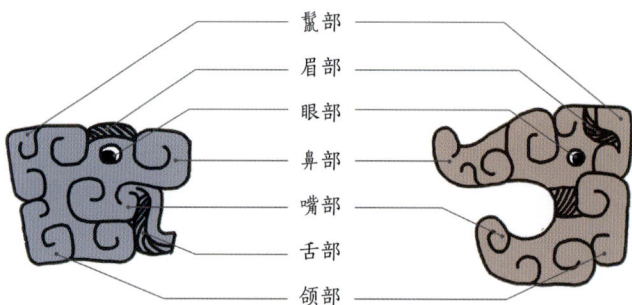

鬃部
眉部
眼部
鼻部
嘴部
舌部
颌部

图 200

　　璜的两端为对称的龙首，鼻子伸展较长，所有图案组成元素几乎一模一样，但有个细节却不同，即嘴的部位一个有斜索纹，一个却没有，这显然不是忽略的问题，而是有意为之，应该与龙的雄雌属性有关，或说阴阳属性有关。在这一时期有很多类似的龙纹饰图案，这表明，这时候的龙是有阴阳属性的，而在后世，龙慢慢演化成单一的阳性或雄性特征。

　　对比前面的秦式龙纹玉器，这件玉器的龙纹风格就显得温婉柔美，并且工艺精细，注重细节处理。也显现吴王艺术审美趋向，更偏爱精细柔美的玉器风格。

　　图 201 的龙纹玉璜于江苏省扬州市邗江东汉墓出土，现藏于扬州博物馆，为春秋晚期作品。

图 201

由于龙纹饰变化复杂，先把玉璜中的龙首纹用蓝色线条勾勒出来，见图 202。可以看到在玉璜表面有四条龙首纹饰，分布在两端和中间，并且两两相对。龙首造型采用减地起阳的工艺，五官饱满，眼睛用细阴线勾勒的小圆圈表现。鬣部用细阴线斜索纹加以强化，鼻部用鳞甲纹装饰，感觉这时候的龙已经在局部生出了鳞甲，似乎已是少壮之年。

图 202

如果把红山文化的玉龙理解为龙的萌芽期，那时候龙的形象如同胚胎一般，五官亦是模糊懵懂的状态，那么商代玉龙造型呈现幼年期特征，龙的牙齿开始出现、生长，大大的眼睛，与头部的比例关系如同人类的幼童一样，有些龙爪开始生出，但多蜷缩着软绵无力，而西周时期则是龙的少年期，龙爪生出了爪尖，充满了青春悸动的力量（见图 203）。

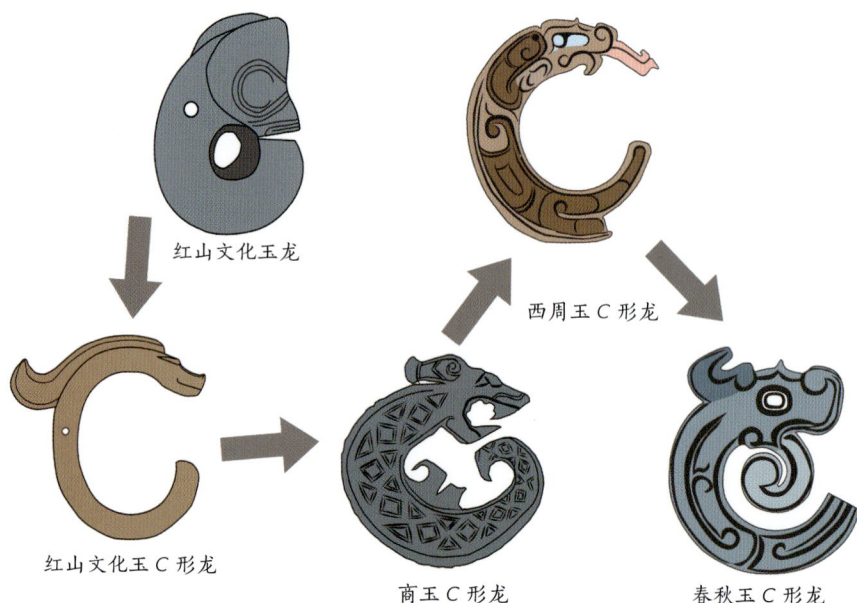

红山文化玉龙

红山文化玉C形龙

西周玉C形龙

商玉C形龙

春秋玉C形龙

图 203

春秋时期为龙的少壮期，其造型也在不断地变化，尝试不同的表现形式，并且由二维的平面向三维立体浮雕转变。再往后发展到战汉时期可称为玉龙的青年期，龙的形象更为立体，动式更为张扬，或跃龙在渊或飞龙在天，本书后文详述。

将图 201 中的其余纹饰进行辨识归纳，并用灰蓝色和灰绿色填充，这样就比较清楚地看到，原来在这玉璜中蕴藏四组完整的龙纹饰（见图 204），沿中线左右对称排列，中间两龙龙首相对视，造型构成元素相同，边端两龙龙首相反，造型几乎一致。

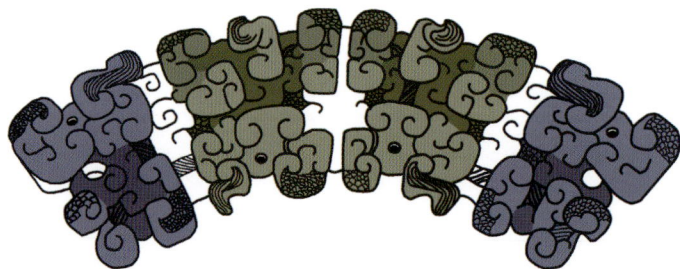

图 204

把造型不同的两条龙提取出来，旋转调整成上下方位一致后比较研究发现，虽然龙首都是朝向右侧，但蓝色龙是面朝我们，绿色龙是指对我们。蓝色龙两只前肢均有鳞甲纹装饰，前肢一只站立，一只抬起，鼻部生长出鳞甲（见图205）；绿色龙左右两只后肢也装饰鳞甲纹，呈蜷卧姿态。正中凸起是尾巴，尾部末端用斜索纹表现尾毛特征，十分形象。后肢上部有如意形结构，代表了龙的羽翅（见图206）。龙的左右后肢及羽翅都有大小差别，视觉上呈现近大远小的透视效果。龙的整体造型呈现俯卧侧首回望的姿态。这时的龙形已经发育得非常完整了，造型各个节点的元素也固化成型。同时由于是南方吴越地区出土，玉璜更加精细、繁美、注重细节，充分体现了南方人的细腻和柔软。

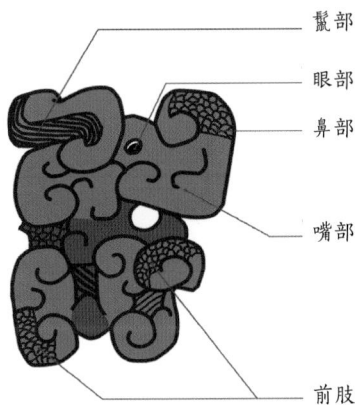

图 205

图 206

在图207中把图206的吴式龙与图179的秦式龙放在一起比较，居然发现二者是一样的姿态和构成元素，但是一个简化扼要，一个复杂华丽，直接反映出两种审美诉求，也间接反映出虽然两国君王的治国理念不同，但不影响他们对龙纹形态的认同感。

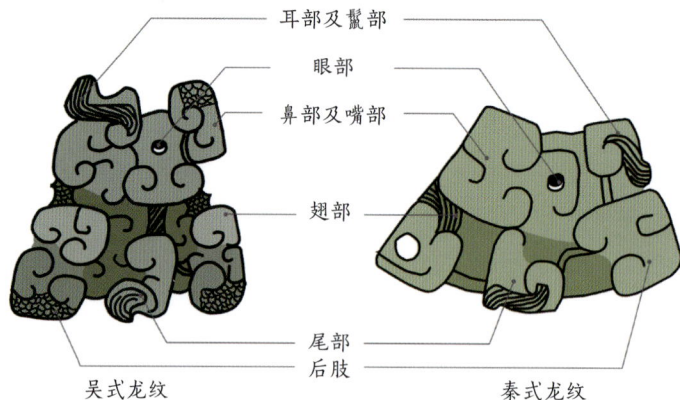

图 207

吴式龙纹　　　　　　　　　　　秦式龙纹

安徽出土的部分龙纹玉器

图 208 的龙纹玉璜是春秋晚期风格，于安徽省天长市三角圩汉墓群出土，现藏于天长市博物馆。局部黄白沁。片状弯条形。两端镂雕龙首，龙身浮雕如意卷云纹，为阴刻线纹收边、斜索纹组合而成的四组龙纹。中间凹槽将器面分为对称两部分，璜体上下出脊形成扉棱。背面素平，表面抛光，润亮。

图 208

有了对上一件玉璜图案的剖析解读，认识这件玉璜就容易多了，把其中的龙纹图案结构描绘出来，依然是左右对称布局（如图 209），左右两端各有两条龙纹，中间两条，共计四条龙。用蓝绿两种颜色把龙纹组合进行标识（见图 210），两组龙的姿态都是面向我们，头转向外侧面的一组有鬣有耳，鬣用斜索纹表示；另一组却无斜索纹，似乎只有耳部。这种差异或许是为了区别雌雄属性，或是对阴阳属性的表达。

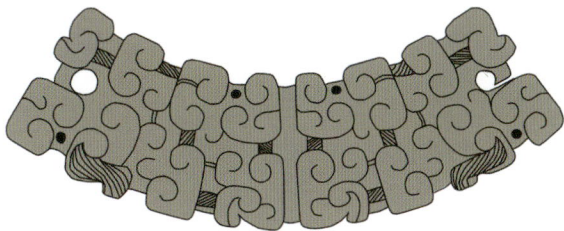

图 209

如图 210 所示，绿色龙是正面姿态，两只前肢蜷缩前起。蓝色龙是侧身姿态，一前肢一后肢呈卧爬式，回首望其背。安徽这件属楚国文化区，故代表了楚文化的审美标准。工艺风格明显是春秋晚期作品，亦是龙的形象发展的少年期，少年龙的特点通过线条的勾勒，生动地表达出来，清新可爱呆萌，充满了探索欲，图案设计创意感很强烈，风格也细腻温婉，华丽贵气。图 211 可以帮助我们认识不同结构组合而成的龙纹。

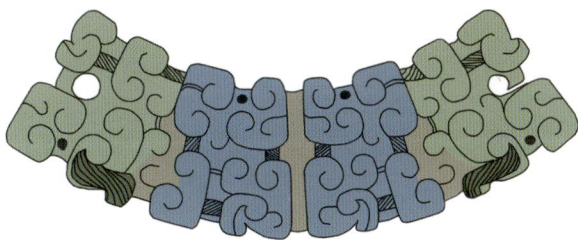

图 210

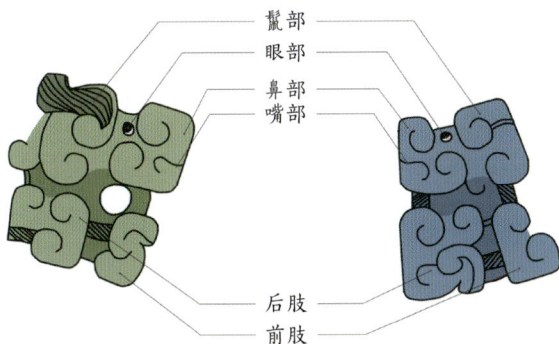

图 211

综上所述，春秋时期玉龙纹饰经历了重大的演化，如同这一时期中华传统文化思想也经历了重要的冲突整合一样。不同地区，不同诸侯国的龙纹饰显示着不同的艺术风格，反映出各诸侯不同的审美观点和治国理念，而且即便是同一诸侯国，随着历史的进程，龙纹饰造型也在发生显著的演变。相对于西周玉龙纹饰的规范制式，春秋玉器龙纹饰丰富了许多，并且抽象化、符号化；和单一的西周一面坡工艺相比，春秋玉器加工工艺也开始更多样化，有砾石刻画、砣具加工等，逐渐占据主流工艺，并影响了以后的玉器加工方式。整体纹饰从二维平面向三维立体浮雕转化，突破了平面的束缚，龙纹造型向立体空间发展，如飞龙跃起开始腾飞于天际。

读懂了春秋玉器龙纹饰的密码，也就了解了龙纹造型发展的脉络，从而对认知中华传统文化的发展脉络有十分重要的意义。

从红山文化的育孕期到夏商时的幼年期，懵懂无畏的玉龙虽尚幼弱却已偶露狰容，令人敬畏。到西周时是玉龙形的童年期，玉龙形象变得规范化、程式化，如同受教的童子知礼守规。再到春秋时期，龙形充满了朝气和多变，宛如少年郎，虽稍逊成熟却敢于开拓新的领域、探索未知，同时也聚集着力量。在不断蜕变磨砺中，充盈着能量的青年龙形开始出现了，开启了中国玉文化"王玉时代"的高峰期——战汉王玉时期。

五、青年期的玉龙
——战国—汉代龙纹玉器的演变及艺术特点

战国时期是群雄纷争的时代，为了谋求霸权，各诸侯国锐意进取，变革制度，促进了生产力的大发展。通过不断的兼并和扩张，形成齐楚燕韩赵魏秦七个主要的诸侯国，都具备问鼎中原的能力，史称战国七雄。周王室式微，原有宗族礼法俱已破坏，甚至于一些原有诸侯王亦被卿篡位，改弦易辙局面随时在上演，典型的事件便是三家分晋，韩、赵、魏三国出现。诸侯在这一时期是充满了危机感的，只有使自己强大，变成强者才能立足于世，故此打破旧的规则，建立新的可增强国力的秩序是至关重要的。

受以上历史背景的影响，玉器龙纹饰在这一时期也呈现出翻天覆地的变化，从早期的慢条斯理、按部就班的图案构成开始变得张扬，威武凌厉，充满王者霸气。圆雕件也越来越多，图案造型更为立体，浮雕、圆雕、镂空雕成为主流工艺，并深刻影响了汉代玉器风格，最终推动玉器发展达到历史最高峰，也可称为王玉时代的巅峰。

战国早期的龙纹玉器，深受春秋龙纹玉器风格的影响，龙纹玉器上的图案组合十分丰富，整体效果设计感十足，龙纹图案从平面向立体化过渡。玉质材料也愈加精良，大量和田玉运用。玉器制作水平也显著提高。战国早期的龙纹玉器，以曾侯乙墓出土的精美玉器为代表，是战国早期玉器的巅峰作品。

图 212 的龙凤纹玉璜于湖北省随州市曾侯乙墓出土，现藏于湖北省博物馆。为战国早期作品。长 15.2cm、宽 4.6cm、厚 0.6cm。

这件玉璜，镂空雕琢而成，浅浮雕为主，纹饰内容十分丰富。单面工，另一面光素无纹，整体图案呈左右对称布局，主纹饰为两两相对的四只龙纹，如图 213。

图 212

图 213

图 214 把其中的龙凤图案提取出来，便于更好地观察研究。其中正中的两组龙纹用黄色填涂，龙纹呈几字形，前肢短细，后肢粗壮有力，趾尖锐且弯，龙回首张望。长尾伸展，并用单阴线装饰，圆卷鼻，所有表示结构的关键节点都用涡旋形图案加以强化，并用涡旋起凸的工艺，更显得富有变化。对比春秋时期龙纹玉器的特点，就会清晰地感受到战国时期玉器龙纹饰图案逐渐立体起来，就好像在从二维平面表现向三维立体表现方

式过渡，关键节点也成为龙形结构的要素点，被逐渐规范化、标准化。图215将五官及细节加以标注。

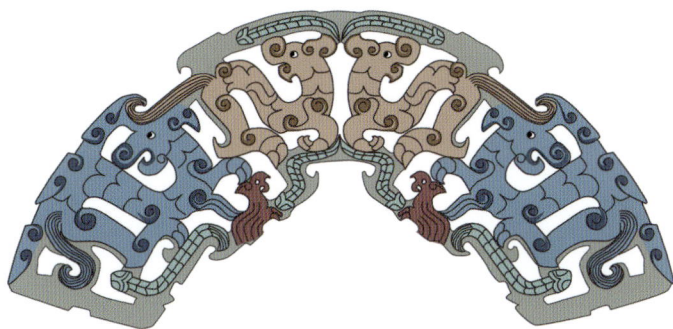

图 214

图 215

更外侧的两条龙用蓝色填涂表示（见图216）。这条龙形体更健硕一些，更雄性化一点，头顶与出脊结合在一起，宛如戴着王冠般，凸显威武雄壮的气势。与前面的黄龙比较，构成元素虽并无不同，但总体气势却更威严霸气，一刚一柔、一大一小区分出了雄雌不同。龙眼睛为椭圆形，胸前飘逸着鬃毛，又似乎可以理解为下方鸟形的羽翼，一个图形两处借用。

鼻部
眼部
耳部
嘴部
前肢
后肢
尾部

图 216

　　璜的上下边缘处还装饰有类似蛇的形体，或可称为小螭，对称分布，共有6条，用浅绿色来标识。采用浅浮雕工艺，用阴线琢出头尾及身体，从图案关系上看，是6条小螭围绕着4只大龙，俨然表现出龙族一脉的组成与传承。

　　整个玉璜下部还有凤鸟一对，在雄龙的前爪之下，显得十分小巧（见图217）。如果按中国传统绘画的构图方式来分析，主要人物占比大，次要的次之，居于一隅，形成主次分明、协调平衡的场面。龙与螭、凤的尊卑主次关系一清二楚。从工艺上来看，战国时期，随着工具的突破性发展，玉器加工和表现方法日益完善和丰富，这件玉璜上由镂空、拉丝、透雕、浅浮雕、阴刻线等多种工艺方法组合在一起，呈现丰富多彩的视觉效果，满足了其主人追求富贵堂皇的艺术效果，这也是对曾侯乙墓出土玉器的总体印象。玉器遵循严格的礼仪规制，装饰华丽、用料考究、工艺精良。图218这件也同样如此。

图 217

图 218 的双龙形玉佩也是于湖北省随州市曾侯乙墓出土，现藏湖北省博物馆。长 12.1cm、宽 4.9cm、厚 0.3cm。龙首相背，尾部相连。龙身躯装饰双阴线、宽坡阴线、勾云纹。

图 218

图 219

这件玉佩散发着浓郁的春秋玉器的气息，此器玉料发青，边缘有褐色沁。玉器近似于长方形，呈现左右对称布局。整佩为片状，总长 12cm 的玉器，厚度却只有 3mm，并雕琢了十分繁缛的图案，古人的治玉技艺之高超可见一斑。龙为单阴线椭圆形眼，圆头卷鼻，嘴微张。嘴部斜索纹示意胡须的样子。这种龙首形象在春秋晚期的玉器中也时常见到。如意形耳，龙爪无具体的形态，变化成符号般的形状，只能从弯且尖的外形上得以分辨。玉佩主体用单阴线雕琢出龙形，并用一面坡的工艺手法加以强化，一面坡工艺使线条变得宽而立体，产生丰富饱满的视觉效果。在肘部及尾部用斜索纹，颈部及两龙交会处用三角网纹装饰，这种网纹的出现多见于战国以后的玉器上，但如果把这件列为标准器，亦无不可。

综合来看，这件玉佩的风格处于转型过渡期，承继了前朝的很多元素，亦开启了战国玉器龙纹饰的形成。整体形状圆润，无锐角，尖角弯曲部分均在玉佩的内部，这样的设计，充分反映了治玉师的匠心独运，把尖角弯曲在使用过程中不易损坏的部位，巧妙地保护起来，虽历经2500多年的岁月，亦完好如初。在玉器镂空部分可以清楚地看到钻孔痕迹，凸显加工工具已出现质的变化，说明铁质或更为坚韧且不易损耗的工具已经成熟运用于玉器加工之中。

图220、图221是同期玉器的照片（摘自河南考古所出的《美琼汇魄》图集）。可以清晰地看到一面坡工艺的详细模样，每个坡面其实是无数次反复碾刻琢磨而成的，无数条划线最终形成了面，这才是一面坡工艺的真实模样。勾勒的单阴线也是一笔一画接起来的，由于手工的不稳定性，存在错位、粗细变化、深浅不同等现象，但正是这些或许不完美的存在，却令人感受到了治玉师的虔诚，及在加工玉器时的气息变化。所以可以这样说，中国古代玉器每件都是精心琢磨过的艺术品，都是独一无二的存在。

图 220

图 221

图 222 的龙形玉佩也是出土于湖北省随州市曾侯乙墓，现藏于湖北省博物馆。这只青色玉龙佩长 11.5cm、宽 8cm、厚 0.6cm，有着承前启后的艺术风格。同样是战国早期的玉龙佩，呈现的艺术特点却迥然不同于前两件，所以说曾侯乙墓的考古发现真是打开了一座宝库，不仅有久负盛名的青铜编钟等，所出土玉器也风格多样，艺术水准高，几乎囊括了战国早期各种流派的玉器龙纹饰的特点。

图 222

这件龙形玉佩工艺风格上也不同于前面两件，整体采用减地起凸的浅浮雕工艺雕琢而成，龙的眼睛是起凸的椭圆形眼，并由双阴线勾勒出。鼻头上卷，沿龙躯一周用起凸的斜索纹界边，龙嘴张开，如意形耳，龙的形态呈现"几"字形，这是在战国龙形中最常见的形态。这种类"几"字形的造型类似于正弦波形，正弦波形有广泛的代表意义，如声波、水波、能量波等，代表了事物处在不断的起伏变化中。用于此处，暗喻龙是能量的具体载体。这件玉龙佩前肢短小，后肢粗壮，与前图龙形中肢体的关系是一致的。腰腹部还有凸出的羽翼，这些都是龙形构成的要素。

此外，在龙形的尾部还有凤鸟造型，而且是两只（见图 223 中浅蓝色部分），尾部最末端的那只，尖弯的嘴，椭圆形的眼，冠羽上扬，一副朝气蓬勃的样子。尾部的另一只凤鸟只有尖弯的嘴，圆眼，颈项处装饰有网格纹。严格来讲，这件玉器应该命名为龙凤纹玉佩。龙凤合用一体，融合自然，躯体上有各种形态不同的凸起的单元纹饰。这些纹饰是单元组合纹饰，合在一起就是蟠虺纹或称为螭纹，是由春秋时期玉器上龙纹演化形成，并不断提炼精选，逐渐凝结成的符号般的形态，是龙纹图形的提炼和升华，是抽象化的图形。

图 223

图 224 这件龙形玉佩，沿造型外廓切割，形成明显的龙形廓，上卷鼻，单阴线圆眼，嘴微张，用双阴线勾勒强化，耳向后上扬，翎鬣在脑后自然垂下，并用单阴线装饰强化效果，有飘动感，颈部往下用凸起的云纹装饰，用以表现躯体的结构点。

图 224

图 225 把玉佩描绘出来，并填涂蓝色，便于更好地辨识龙形。

图 226 把龙首五官部位标注出来，以便更加清楚地认知龙形。

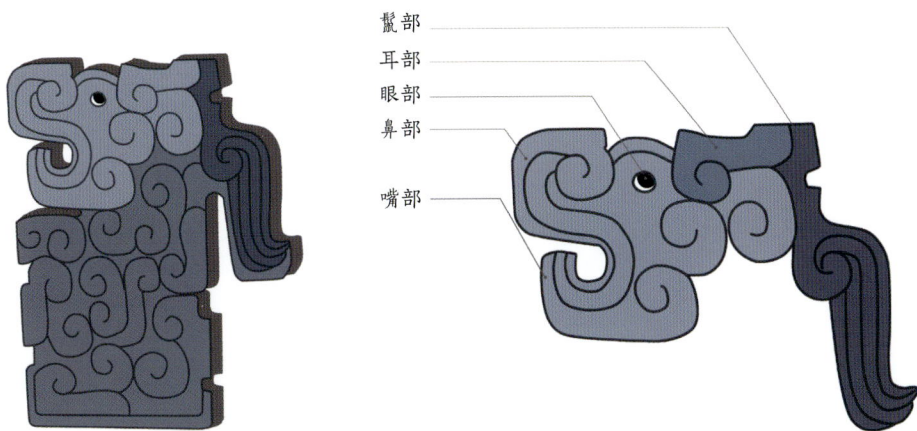

鬣部
耳部
眼部
鼻部
嘴部

图 225   图 226

图 227 的龙形玉佩于山西省长治市分水岭 53 号墓出土，现藏于山西博物院。长 9.3cm、宽 3.5cm、厚 0.4cm。龙体做横 S 形卷曲状，龙首向下，龙尾向上卷曲。

图 227

龙身边缘装饰弦纹，器表雕琢凸起蟠虺纹。这件 S 形龙纹玉佩可作为战国早期北方龙纹玉器的代表来研究。虽然玉质钙化较为严重，且躯体中央已断裂，但这一切丝毫不影响这件玉器异乎寻常的美感。这件玉器上春秋龙纹装饰风格是非常明显的，是战国早期玉器传承过渡的现象，也有学者认为这是春秋时期的玉器作品，其实不应过分执拗于具体的时代划分，尤其是过渡期的作品。朝代在更替，治玉人还在那里治玉，日复一日，亘古不变，也许需要两三代人的更替，其艺术风格才会有根本的变化。

从龙纹玉器本身来看，龙首双阴线圆眼，其上有斜索纹表示眉毛，这是较少见的造型特点。鼻头上卷，造型圆润，线条纤细圆转，显得精致完美。嘴中舌伸出下卷，如意形耳，鳃部用S形凸起纹饰，颌部用云头纹装饰，五官的结构均用单元图形来代表，身体呈现横S形。尾圆钝，身躯一周有弦边勾勒龙形的轮廓，身体中有减地起凸的云头纹装饰，其中可以清楚地辨识出三组有眼龙首纹图案，见图228，用深绿色填涂出来，依次排列，最末端还有一组龙首纹，用浅褐色填涂，却是无眼龙纹，四组小龙攀附在大龙的躯干之上，其余部分用云头纹填白，这种纹饰填充，产生很饱满的视觉效果，有一种富贵华丽的气质。实属战国早期龙纹玉器的精品，是精工细作类玉器的代表，细节上看，起凸的节点过渡自然而细腻，平滑无琢痕，浑然天成一般，勾勒的阴线亦弯曲圆浑，接刀工艺转折丝滑无涩。

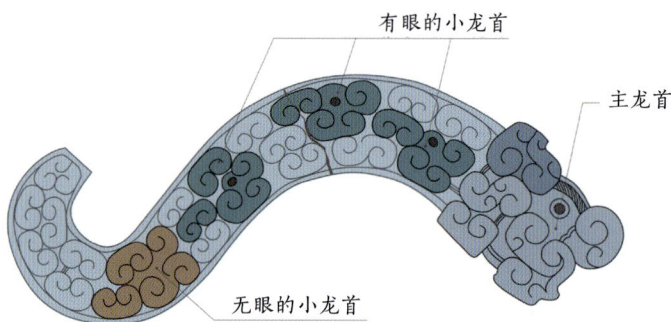

图 228

背部拱起的部位有细小钻孔，其实从钻孔的加工特点便能看出其与典型的春秋玉器有显著区别，春秋玉器多是喇叭形口，由此可见加工工具已经经过了升级换代。

图229的战国时期的龙形玉佩也是于山西省长治市分水岭53号墓出土，现藏于山西博物院，长8.5cm、宽2.2cm、厚0.4cm。

灰白色，器表有光泽。龙呈S波形，无爪无翼，是蛇形龙的形态。龙首向后回卷，龙体边缘雕弦纹作周线。身躯横卧，尾端上翘。雕琢隐起的眼睛、嘴以及角，器表雕琢隐起的蟠虺纹。背的上部有一孔。

图 229

图 230

图 231 的龙形玉佩于山西省长子县牛家坡墓地 7 号墓出土，现藏于山西博物院。长 10.5cm、宽 4cm。

图 231

这件玉龙与图 227 的玉龙比较，大同小异，最显著的区别是，玉龙多了凸出的翅膀和两爪。玉质为青玉，有褐色斑沁，半透有光泽。与上件完全钙化的玉龙不同，由于埋藏环境较好，几乎没有受到沁蚀。身躯呈现 S形，腹部有小钻孔，可供系戴时使用，丝线穿入孔内，悬拉起来玉龙刚好呈现平衡状态。穿孔位正好也是平衡点，可见用心之精妙，也成为坊间鉴定时将其认定为战国玉器真品的依据之一。

玉龙横向观察，龙身高低起伏，如正弦波形一样，这一时期玉龙多设计成这样的造型。龙首回望，颇有亢龙有悔的意味。又若在天际起舞，恰似飞龙在天的境界。龙尾分叉回卷，与龙首呼应，韵味十足。但如果把龙形佩垂直树立，形态像极了行进中的海马，甚至于羽翅的部位和形状也十分神似（见图232）。而这种竖立的形态充满了不稳定感，更显现出龙的机敏性与动感。

图 232

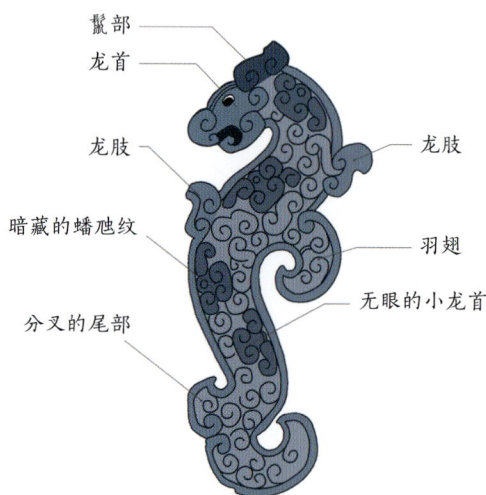

鬃部
龙首
龙肢
暗藏的蟠虺纹
分叉的尾部
龙肢
羽翅
无眼的小龙首

图 233

龙躯上装饰有非常繁密的凸起的纹饰，原先约定俗成为蟠虺纹，即是幼年龙纹图案。把图案勾勒下来进行细化研究（如图233所示），大龙有五官及完整的爪部，羽翅图案清晰可见，龙首神情呆萌可爱，充满了稚趣。鼻上卷，椭圆形眼，单阴线雕琢而成，有眉线，嘴紧闭，如意形耳，有龙爪一对。再仔细观察，大龙躯体上的图案中隐藏着小龙纹，共有4组龙首纹饰，3组是清楚完整的，有一组的眼睛似乎未标识出来，这也是较为常见的情况，寓意小龙尚在成长发育阶段，有的还未发育长成。3只小龙的耳朵向前，1只耳朵向后。

图234的龙凤形玉佩于山西省侯马市虒祁墓地出土，现藏于山西省考古研究所。长17cm、厚0.6cm。

这件玉佩与湖北出土的那件类似，属粗犷犷奔放型，玉质多采用青绿色，且质地较杂，故坊间有"战国青"的说法。这类玉器由于工艺粗糙，有学者认为是丧葬用玉，类似于"汉八刀"的治玉工艺，由于对治玉有时间上的限制，故此在细节处理及打磨工艺方面均简单处理了事，但以我们现在的眼光及视角去看，那些显得粗糙的线条反而洋溢着一种率真质朴的美感。这其实也不难理解，在古代，玉器的制作均是王室垄断和专享，治玉师亦是长期专心于此并达到极高工艺水平的，即便是随意而为或草草而就，艺术韵味亦自然呈现。整体看，玉龙凤佩为 S 形造型，为腾空跃起的龙首凤尾合于一体的玉龙造型。龙的形态是前伸飞跃，充满能量及动感，同时回首张望，似乎在呼唤着凤鸟跟上前行，凤鸟好像豁然回首，在一瞬间，龙飞行的前拉力和凤向后的扯力产生平衡感，而这张弛有度的场面被治玉师创造出来。

图 234

图 235 是描绘图，并标注了各部位的名称。由于尾端有缺损，损失的部位有可能还有一个凤首形象，这在龙凤纹玉佩中是较为常见的。龙的鼻子前伸较长并上卷，嘴部呈圆孔状，竹叶形耳，龙无眼，不知有什么特别的含义，颈部有一圈斜索纹，如项圈般，均用阴线琢成，线条朴拙有力，圆中见方。凤嘴尖弯且长，颈部装饰鳞片纹，躯体上用涡旋纹装饰，并用减地起凸的工艺增加立体感。

龙羽翅
龙首
龙鬣
龙前肢
龙后肢
凤肢
凤首
凤鬣部

图 235

　　图 236 的龙凤纹玉佩于浙江省安吉县龙山 1 号墓出土，现藏于安吉县博物馆。长 9cm、宽 8cm、厚 0.4cm。同为战国早期玉器，这件龙形玉佩就显得精致许多。外形呈"几"字形，龙首上扬，似在嘶鸣中，卷鼻，张嘴，有胡须。梭形眼，前肢瘦小，后肢强壮有力。这种"几"字形玉佩上总能见到龙首凤尾的组合方式，这件也一样，末端的部位尖弯成鹰喙一样，凤首羽翎上扬，凤嘴与龙尾合二为一的这种艺术表现方式在古代玉器上经常见到。用一种图案表达不同的含义，角度不同，寓意便不同。尾凤的爪部在最下端，凤首回望背部。

图 236

　　图 237 的描绘图中标注出各部位的名称，有助于我们更好地认识龙形

图案。在龙形拱背处还有一只凤鸟，有羽翎，无眼。龙颈部及后肢上各攀附着一只小鸟，形态可爱，在图中用深浅不同的颜色区分。整体龙躯用蟠虺纹装饰，为单阴线雕琢而成，效果华贵。

图 237

也许南方人的细腻自古有之，这件玉龙佩比上件精细得多，尤其是细节的处理，小鸟的点缀，体现了治玉师对微小细节亦一丝不苟。玉佩通体白化，呈鸡骨白色，微黄，这是常见的南方出土玉器的沁像。双面工，扁平状器，背高拱处有穿系孔。见图238。

图 238

图 239 的龙凤形玉佩于安徽省合肥市省消防器材厂工地出土，现藏于合肥市文物管理处。长 8.2cm、宽 5.4cm、厚 0.45cm。

玉质青白，受沁严重，色泛黄。这是一件整体镂空透雕而成的龙凤纹玉佩，扁平状，两面纹饰相同，通体抛光。图案内容非常丰富。

图 239

为便于研究，图 240 把图案勾勒描绘下来。观察发现，玉佩由龙形（用蓝色系填涂）、凤形（用黄色系填涂）、龙凤合体形（用绿色系填涂）组成。由于年代久远，玉佩右半部分已损坏缺失，不完整了，鉴于中国古代图案的传统习惯，此玉佩应该是左右镜像对称布局。正中是 S 形龙凤合体一对，相背相接，龙首在上耳部处相连，下方凤首的羽冠连为一体，并用网格纹装饰。在图中我们看到，龙首为椭圆形单阴线眼，卷圆鼻，有胡须。凤首为单线圆眼，喙尖且内弯。相连的躯干中间有一道绞丝纹装饰的主轴，犹如脊梁。两侧用竹节纹装饰。正中的龙凤合体呈左右镜像布局，见图 241。

图 240

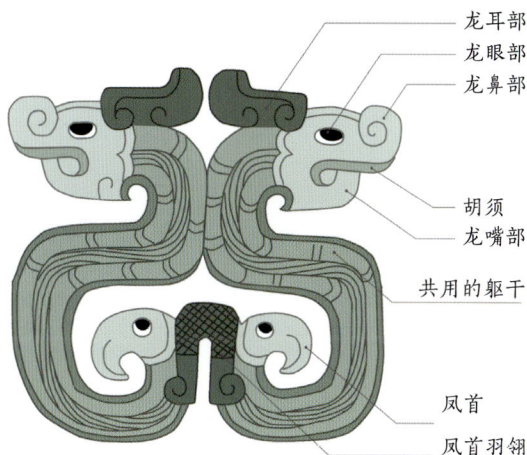

图 241

　　叠压在龙凤合体上的是更大一些的呈"几"字形的龙形，为图240中用蓝色填涂的部分，龙首在外侧，尾居中相连，也为左右镜像对称排布，可惜的是右侧龙已经毁损得只剩一段躯干。左边龙形十分完整，单阴线椭圆形眼，鼻上翻，舌下卷，耳形呈三角。图242对其部位进行了标注，前肢短小，蜷缩腹前，后肢粗壮有力，这爪几乎为早期龙形的定式，前边已经介绍几件相同的了，爪头如钩，比例也显大一些。躯干正中双阴线分割，两侧用短阴线分割成节。尾部用绞丝纹和网格纹装饰，回旋缠绕。残损躯干上的装饰纹路与龙形躯干上的几乎一致。

鼻部
眼部
耳部
舌部

尾部
后肢

前肢

图 242

龙形上方紧挨着的是凤形体，见图 243，凤首尖喙，躯干呈现 S 形。单阴线圆眼，颈部装饰有鳞片纹，有短羽翎，羽翎的形态虽与肢体相似，但其间阴线装饰的纹样却不同，用一组斜索纹表示。

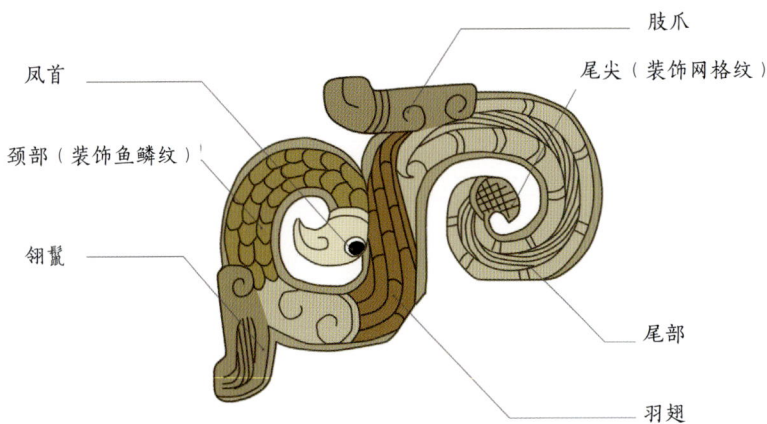

凤首

颈部（装饰鱼鳞纹）

翎鼍

肢爪
尾尖（装饰网格纹）

尾部

羽翅

图 243

羽翅纹很明显，也较形象。尾末端弯起，装饰网纹。肢体与龙形的前肢几乎一样。对称的右边，凤形体已经不在。即便是如此残件，玉器的长度也已达 8cm 以上，倘若完整，应该达到 12cm 左右，可见非常硕大、霸气。通过电脑软件，把这件玉器进行了模拟复原，如图 244。

可以直观地欣赏其布局的对称美，优雅的曲线，游丝般的线条，极富艺术性。这一类组合的龙纹玉器还是较为少见的，应该是战国中期的龙纹作品。

图 244

图 245 的双龙首玉环于湖南省临澧县九里茶场 1 号墓出土，现藏于湖南省博物馆。直径 3.3cm、孔径 1.9—2.1cm、厚 0.2cm。青白玉。玉环呈宽扁环状，双龙首相对，龙嘴合衔一素面长条形物，龙身相连成环。一条龙的龙尾与另一条龙的龙鳍相连，对称地排列在龙身中部。龙身饰有网格纹、绳索纹、云纹。中孔呈椭圆形，上窄下宽。

图 245

图 246 把玉龙环绘制标注出来，可以看出此玉器龙纹风格较为独特，为双龙首玉环，龙的形象开始趋于具象，鼻尖上翘，嘴微张，梭形眼，上眼睑似弓形且长一些，竹叶形耳，颌部的关节用圆形凸起表示，龙爪位于颌部下方，呈尖钩形，但不典型，示意而已。颈部有三片鱼鳞纹，双阴线勾勒而成，用网纹填于其中。

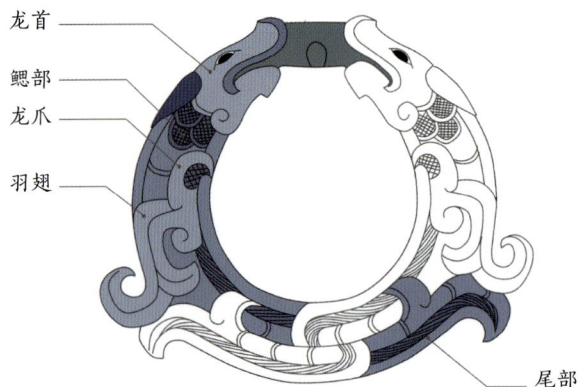

龙首
鳃部
龙爪
羽翅
尾部

图 246

整体风格偏战国中晚期，线条圆润流畅，有奔放之气。双龙对称相望，尾交会在一起，错落有致，有律动感，局部有斜索纹，这种交尾的形态在表现远古伏羲女娲的图案中经常见到，有繁衍生息的寓意。

图 247

图248的龙形玉佩于河北省平山县七汲村中山国1号墓出土，现藏于河北省文物研究所。长23.2cm、宽11.4cm。玉呈黄褐色，半透明器体，扁平。此器形体较大，镂雕精细，乃战国玉器中的精品。

这件玉龙形佩是较为典型的战国中期的玉雕作品。这一时期的玉龙多用横S形或"几"字形的身躯，不仅有龙首，还有凤首在躯体上，形成龙凤合体的造型，而且通常会由一龙两凤或一龙多凤的图案构成。而这个"几"字形图形就像正弦波或能量波形，代表了能量的传递起伏现象，同时也如同世间万物运行的规律一样，反映古人的哲学思想，任何事物的发展都是起起落落变化着的，所以说中国古代玉器能够反映出中国古人的思想认识和思维方法。

图 248

图 249 是描绘图，由此可以看出，龙首部分依旧保留春秋玉龙的审美风格，圆头鼻，张开的嘴，眼睛是合字形，前肢短小，后肢粗壮。身躯装饰涡旋纹，这是战国时期工艺的典型风格。

图 249

这件玉龙采用的是减地起凸的工艺手法。凤形首较明显的有三组，龙形前肢的前端有一组，喙尖且内弯，非常形象。躯干的另一端分叉为双凤首，外缘轮廓造型十分形象。与图 236 和图 222 比较看，三个"几"字形龙凤纹佩都是龙凤纹组合，前两件为早期作品，这件为成熟的战国中期作品，身上装饰的涡旋纹逐渐简化，并变得疏朗，龙首还较明显，凤首却演化得更加抽象，五官已经不易辨识。

图 250 为玉璧与龙形组合玉佩，于湖北省江陵县望山 2 号墓出土，现

藏于湖北省博物馆。玉璧直径 21.6cm、孔径 7.9cm、厚 0.7cm，玉佩长 18.8cm、宽 11.6cm、厚 0.4cm。

青绿色，玉璧有沁蚀，有光泽。佩作龙形，佩与璧原系从一块玉上分解而成。玉器为组合玉器，龙形玉佩及玉璧组合在一起，龙形佩采用镂空透雕工艺，身体结构及装饰纹样用阴刻线表示。与早期龙比较，这个时期有一类玉器显得粗糙随意一些。龙纹用单阴线勾勒，线条用砣具砣出，转折处留有明显的接刀错位痕迹，且不加以修饰或补修，反而产生一种随性不羁的艺术效果。

龙的鼻子变长了，使得龙首形象显得精瘦而成熟，如历经磨难而变得沧桑。此时的龙经历了新石器时代的孕育期、商时的幼年期、西周的童年期及春秋时的少年期，进入战国的青年期，脸部已略显沧桑，一副经历风霜的样子。这在这类工艺较为粗犷的玉龙形象上尤其明显，仿佛其历经打拼，从血雨腥风中搏杀而来，遍体鳞伤却倔强地矗立着。身体上装饰的涡旋纹亦是一砣砣的阴线琢成，方中寓圆，凸显拙趣。见图 251。

图 250 图 251

玉璧部分却有明显区别，采用减地起凸的工艺，每个涡旋纹都是旋转凸起的，有很好的立体视觉效果。减地工艺是手工碾压磨成，侧光观察会有波形起伏的效果，形成漫散射光，特别像月光洒在微漾的湖面。这是古代玉器的一个特有现象，与现代治玉中的机磨底面有非常大的区别，这种减地的方法在中国治玉史上延续了几千年，直至民国以后，现代电动工具出现才彻底改变了手工治玉的历史。

图 252 的龙凤纹玉佩于陕西省咸阳市正阳乡秦都咸阳城遗址出土，现藏于咸阳市博物馆。长 10cm、宽 4cm、厚 0.3cm。

图 252

玉受土沁呈灰褐色。扁平体镂空透雕成平置 S 状。一端为龙头，另一端为凤头，龙张口卷鼻，头上有鬣，向后扬起，颈部有双阴线勾勒的节纹，挺胸，一足前伸，肩上有三层羽翼，层叠排列。凤圆眼，尖钩喙，头上有羽冠，肩部亦琢出三层羽翼，与龙翼相似。共用的躯干上装饰有四组羽纹，在龙下唇后面，凤钩喙后各钻一小孔，在龙肩部和凤肩部各钻一个较大圆孔，在龙背部也钻一孔，应该是供穿系使用，多孔也反映出这件玉佩为组佩玉器之一，每个孔都可穿系串珠（见图 253）。

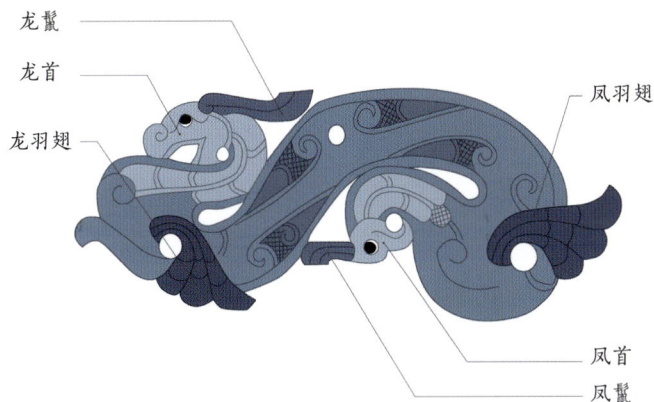

龙鬣

龙首

龙羽翅

凤羽翅

凤首

凤鬣

图 253

图 254 的双龙首玉珩于安徽省天长市三角圩汉墓群出土，现藏于天长市博物馆。长 8.4cm、宽 2.5cm、厚 0.4cm。玉色青白，局部褐色沁。弧形扁平体。两端用细单阴线琢出龙首纹，上端正中有一穿孔。两面纹饰相同。通体抛光，润泽。

图 254

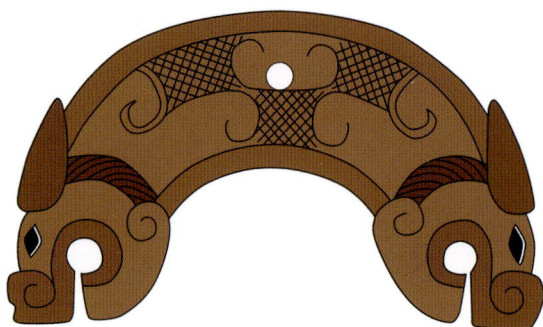

图 255

玉珩为双首龙的造型，整器用单阴线雕琢而成，甚有拙趣。如图 255 所示，鼻头方正，随形而作，嘴微张，成孔口，圆孔既表现了龙张嘴露齿的样子，又具备了玉璜系配过程中的实用功能，这种既是图案造型需要又兼具实用性的艺术表现，在中国玉器中经常可见。菱形眼，竹叶形耳，颈部装饰斜索纹，如佩戴项圈一般，躯干上用单阴线琢出网格纹及卷云纹，背高处有一孔供系佩用。整体图案简洁明了，无多余一笔，龙的形象颇具玩趣，与现代卡通动漫的笔意相近。

在战国晚期的龙形玉器中，安徽省长丰县杨公战国墓出土的玉器是重要的代表，这一地区属楚国管辖，与楚国最后一个都城寿县（古称寿春）接壤，这一批玉器同时也是楚式玉器的重要发现。楚式玉器的思想性、艺术性对后朝产生了深远影响，甚至成为汉代玉器中的主流艺术风格。在汉早期的考古发现中，南越王墓出土的玉器，就明显传承了楚式玉器的艺术风格和工艺特点。即便是汉代成熟期的徐州狮子山楚王陵的出土玉器也承继了同样的基因。

图256的龙凤形玉佩于安徽省长丰县杨公战国墓出土，现藏于北京故宫博物院。长15.4cm、宽6.8cm。青玉，局部有深褐色沁斑。器扁平，上部为龙首相背、身相连的"几"字形双首龙，龙昂首张口，身饰勾连云纹。龙身下镂空透雕一对站立的长冠卷尾凤。龙身上方和下腹部各有一小圆孔，可系佩。两面工。此器造型新颖，雕技精湛，线条流畅，表面光亮。

图256

笔者在第一次看到这件玉器图片时就被深深地震撼到了，霸气十足的龙凤形玉佩可谓战国晚期玉器的典型代表和集大成之器。器形较大，汉代以前的玉器，尤其玉质好的，尺寸大于十几厘米已经罕见了。图257把这件龙凤形玉佩描绘出来，并用不同颜色标识。呈现左右对称布局，龙形身躯呈"几"字形，龙头向外，气宇轩昂，双龙的躯体是共用的，上面装饰有勾连云纹，这是战国时期出现的装饰纹样。龙嘴大张，齿尖锐利弯曲，饱满圆鼓，充满了力量，龙眼暴突，眼睑上挑，眼角修长，嘴上有胡须，龙鬣向后扬起，耳鬣合二为一，项颈分割的图案用弧线表示，充满弹性，似是鬣毛。见图258。

躯干装饰勾连云纹

鬣首
龙首
胡须
牙齿

龙前肢

图 257

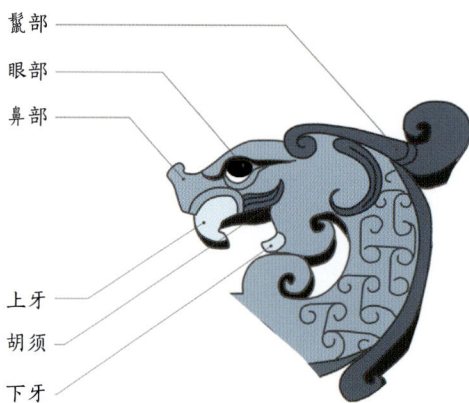

鬣部
眼部
鼻部

上牙
胡须
下牙

图 258

　　前胸挺起，同样用单阴弧线加以强化，给人一种反弓的力量感，再用云头如意的图形反拉这种张力，给人一种力量的平衡感。龙爪及龙肢部分非常写实，浮雕工艺制成，粗壮健硕的大腿，突出的关节，用力蹬踏的小腿，爪趾弯曲有力，几乎为圆形，爪尖被凸起的趾端肌肉包裹，显得十分有力，局部还有阴线及圆弧线强化立体效果。另一端的龙首部分已残损，但可知为对称布局。

　　玉佩正中有镂空雕琢的一对玉凤造型（见图259）。两凤首向外，后背相接，长翅后扬，尖嘴下弯，张口嘶鸣，挺胸矗立，两凤尾后扬，于正中交于圆涡球形，而后下垂，交接形成鸡心状或桃心纹，末端卷起形成勾云纹。凤的羽翅自胸前垂下至爪部分叉卷起，分别托住了龙爪及凤爪，浑然一体，羽翅及尾纹舒展流畅，顿挫有致。观之气韵流淌，毫无凝结滞涩感。

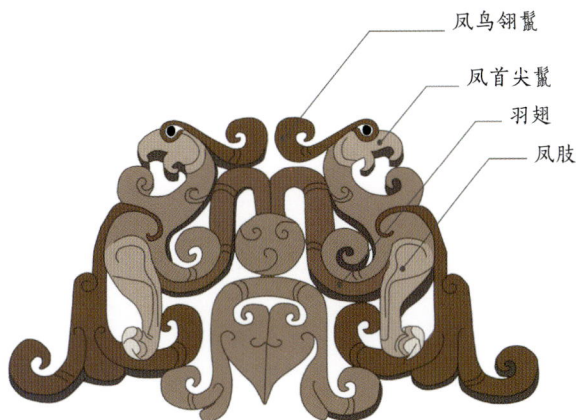

图 259

从整体方面看，从龙鼻卷起、嘴大张、翎飞扬至挺胸跃足一气呵成，实已达神品之境界。见图 260，玉佩上方正中有一孔，两端龙腹部各有一孔，可知此为玉组佩之一，上为悬系用，下再挂两组玉件。从艺术风格来讲，此玉佩把神话形象写实化，尤其在眼睛、尖牙、腿爪的雕琢上，雕琢得很具体、很真实。龙的形象不再是神话的，而是真实不虚的存在。令人充分感受到龙的威严，那眼神的洞穿，气息的涌动，肌体的力量，锐利的质感，驭风的飘逸，把一个空无的形象实化，并令人真实地感知。不仅雕琢工艺考究，打磨工艺也极尽所能，过渡圆润自然，显得浑然天成。充分体现了玉雕师的技艺水平，同时也体现了玉佩主人的王霸之气及胸怀。战国晚期这批出土于安徽杨公墓的玉器，龙的形象完成了蜕变，这时的龙已不再是懵懂少年的形象，玉龙已至青年阶段，临渊而跃，或一飞在天，威严霸气、争雄天下的形象跃然而出，这种进取精神影响悠远，深深注入中华传统文化之中，并绵延传承下去。

图 260

图 261 的双龙首玉珩也是于安徽省长丰县杨公战国墓出土，现藏于北京故宫博物院。长 13.5cm、宽 3.7cm、厚 0.3cm。青玉，全器布满乳黄色土沁斑。器扁平，边缘有出廓。两面工，纹饰一致。先看龙首的特点（见图 262），龙鼻子向上翻卷，回钩，眼圆突，上眼睑眼角修长，耳部已经演化得非常具象了，牙齿尖而弯曲，颗粒饱满，龙嘴大张，回首轻咬自己的羽翅，似是在嬉闹中。

图 261

龙形只有前肢，肢体肌肉发达，体现着力量感。爪部饱满弯曲，在与肢体连接部位呈现很大折弯度，似乎把全身的力量都集中于此，这种折弯度是虎豹等肉食动物抓猎物时瞬间的爆发力才可以形成的弯曲度，我们通常借助高速摄影机可以捕捉到，在慢播放时才可看清楚。见图 263。

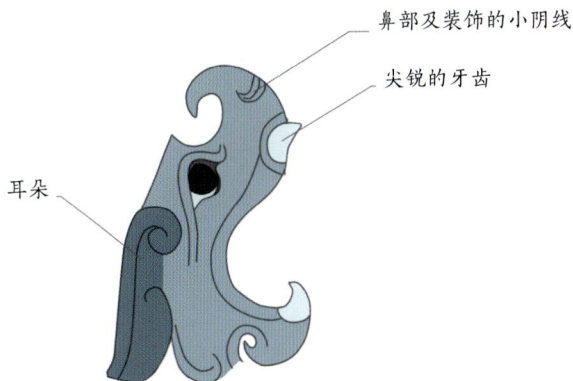

鼻部及装饰的小阴线

尖锐的牙齿

耳朵

图 262

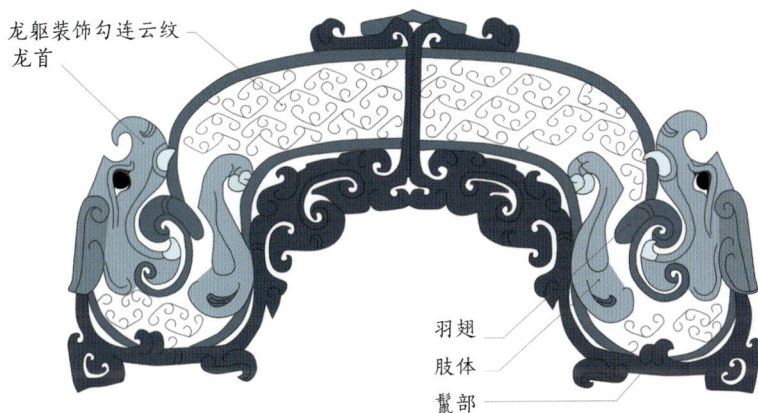

龙躯装饰勾连云纹

龙首

羽翅

肢体

鬣部

图 263

　　这种细节的处理，表达了超乎寻常的力量和速度，充分体现了治玉师的艺术创造力及观察力。龙的鬣自耳后伸出，如丝带般长长的，沿腹部延伸，并在玉珩正中交织缠绕在一起，在玉珩的上方形成冠状可供拴系的形状，非常巧妙的设计，把装饰性和实用性有机结合在一起。整个鬣形如云气缭绕，颇有"龙从云中来"的意境。见图 264。

图 264

　　这件玉珩多处采用镂空雕琢，并呈左右对称排布。有资料说透雕部分有变体的凤纹，但目前未能找出来明显的轮廓形体。同时，在龙的躯体上还装饰有勾连云纹，呈菱形排列，这也是战国玉器上出现的独有纹饰，整体看玉佩呈"几"字形，显得生动，鬣纹也顿挫婉转，如行云流水般变化丰富。鼻部的小弧线在春秋时期的玉龙纹中就时常出现，可放一起进行对比研究。另外从定名看，这件叫双龙首出廓纹玉珩似乎更准确一些。

　　图 265 的双龙首玉珩也是于安徽省长丰县杨公战国墓出土，现藏于安徽省文物考古研究所。长 17.4cm、宽 2.7cm、厚 0.32cm。青玉，玉色两端有别，一端乳黄色透光，一端青灰色沁斑不透光，白化较重。呈扁平弧形，弧背有一穿孔。两端均雕琢龙首，张口露齿，用细线刻画出细部，线条细如发丝。龙体浅浮雕勾连云纹，两面纹饰相同。雕工精细，磨制光亮。

图 265

　　这件玉珩显得要简洁一些（见图 266），两端龙首向外，鼻尖微翘，眼睛凸显，表情凶悍，长耳后掠，耳后有鬣，贴于首后，用斜索纹装饰，嘴微张，上齿尖锐成弯钩，下齿有三颗钝齿平齐排列，用细阴线勾勒出，线条细如游丝，下巴有胡须，向上翘起。这很有可能受到春秋时期玉龙图案中舌部形状的影响，是一种似是而非的模仿，变成胡须扬起的样子。鼻部有三条小弧线装饰，在春秋玉龙纹中也经常出现。见图 267。

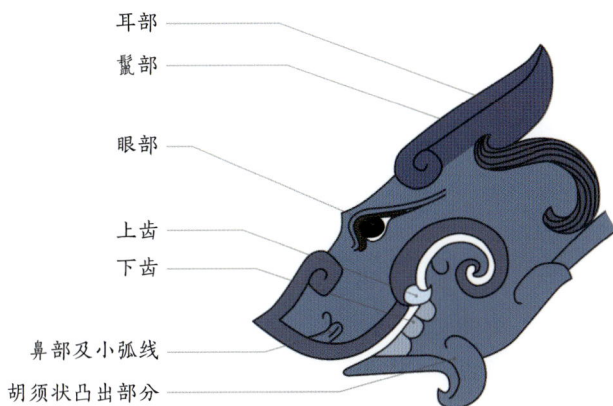

耳部
鬣部
眼部
上齿
下齿
鼻部及小弧线
胡须状凸出部分

图 266

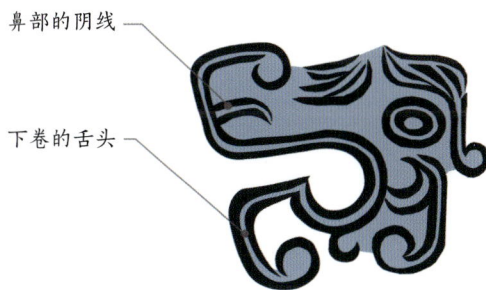

鼻部的阴线
下卷的舌头

图 267

玉珩采用减地起凸的工艺，连线用单阴线琢成。侧光观察有极强的立体效果。见图 268。

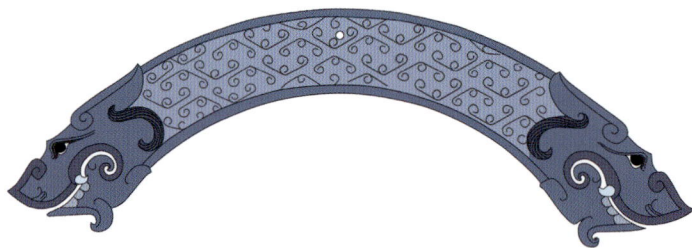

图 268

图 269 的龙形玉觽也是于安徽省长丰县杨公战国墓出土，现藏于安徽省文物考古研究所。长 12cm、宽 2.5cm、厚 0.6cm。一端沁有白色。扁平状，形若弯曲的兽牙。

图 269

图 270 是描绘图，龙首尖尾，眼珠凸起，眼睑翻卷，龙鼻上卷翘起，嘴巴微张，龙头与蜥蜴头形状很像。有翅翼，躯干蜷起，一对前肢非常有力，从背部看，肌肉强劲。一爪抓挠耳部，一爪搭在尾部，整个尾部扭成斜索形，也可以想象成龙在盘旋上升的样子。尾部是长伸的，身躯是蜷缩的，似乎在积蓄着力量，准备腾跃而起。整体形状像弓形，如长虹一般，气贯长虹大概就是这个形态。《礼记》记载，在组合玉佩中，冲牙是居于最下方的，从本身形状演化来看，可能与兽牙类的佩戴有关系，后来用玉器来制作。

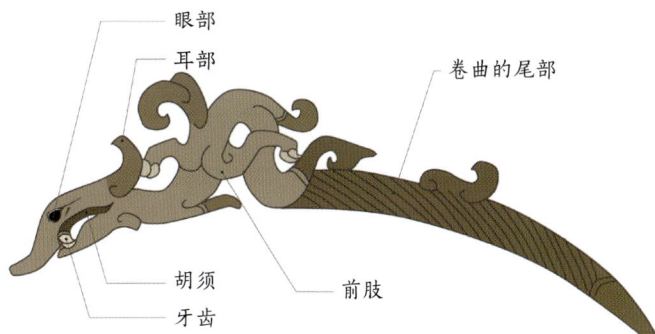

图 270

图 271 的双龙首玉珩也是于安徽省长丰县杨公战国墓出土，现藏于安徽省文物考古研究所。长 11.7cm、宽 2.5cm、厚 0.35cm。

图 271

这件玉珩虽然也出土于杨公战国晚期墓葬，但其风格却还保留有战国中期玉器的风格类型，鼻部的圆润及嘴部的胡须与图 254 的玉珩的龙首造型十分相近，如果放在一起比较，这件至迟也应该是战国中期的玉器作品。椭圆形眼，长长的胡须，耳朵的造型很特别，在后面有个缺口，而前爪出现的位置在弓部，使龙首与躯体的组成产生纠结感，这种反向的扭曲，似乎说明此珩的佩戴方法应该反转过来。图 272 的描绘图中龙首脖颈处用单阴线琢出网格纹装饰，呈 W 形，代表了龙的鳃，有鳃象征龙具有入渊的能力，在玉龙纹饰中偶有所见。鼻部还有穿系孔，加之口部原有造型形成的孔，均为穿系珠串用。从造型完整性看，鼻部及右侧龙首嘴部的孔均应是后来加工而成的。这也更证实了虽然出自战国晚期墓葬，但此玉珩的制作时期应该为更早期，这种现象在多次现代考古发掘中得到印证，也说明了自古以来玉器就是十分珍贵的，传承及收藏前朝的玉器是有传统的。弓形身躯上勾勒的阴线是蟠虺纹，也称变形的龙纹，线条细巧圆润，视觉效果华丽。背弓高处有一系孔。双面工，纹饰相同，青玉质，受沁后呈现褐黄色沁。

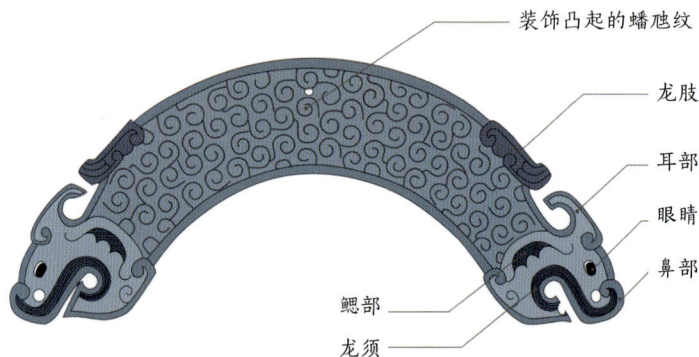

图 272

图 273 的双龙首玉珩也是于安徽省长丰县杨公战国墓出土，现藏于北京故宫博物院。弧长 11.1cm、宽 2.3cm。青玉质，受沁泛灰白色，微透。双面工，纹饰相同。简洁质朴，造型稳重。

图 273

玉珩为双龙首形，龙首向下，与图 271 的玉珩风格相同。由图 274 的描绘图可以看出龙嘴微张，鼻尖微微翘起，有胡须，用细阴线装饰，从嘴中伸出的舌状体也用细阴线装饰，在早期的西周—春秋的龙首纹图形元素中，这通常代表了龙的舌头，随着时代的更替，演化到此时，已经变化为胡须的形态，如下巴生长的胡须一样。双阴线勾勒枣核形眼，耳朵较小，头后的鬣毛用斜索纹装饰，呈"3"形，并分割了龙首与躯体的界限，共用的躯体有弦边，中间装饰减地起凸的涡旋纹，这些涡旋状的凸起与战国中期的表现方法一致，比较看，这里很有可能隐含有蟠虺造型，只是提炼简化到不易辨识而已。打孔的位置比较突兀，极有可能是后加工的，因为孔位置对图形的完整性有破坏。

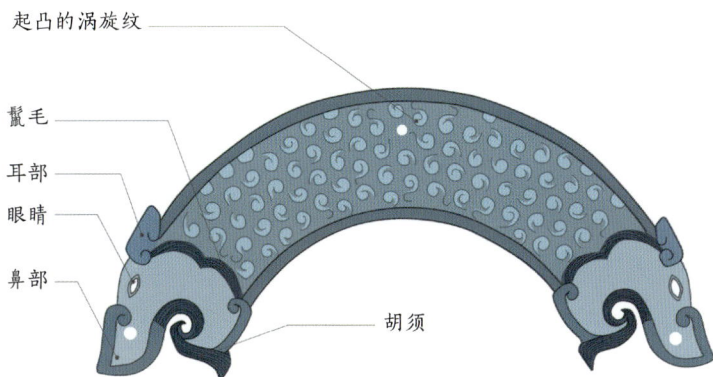

图 274

图 275 的龙形玉佩为一对，尺寸相近。

左：最长处 12.3cm、宽 9.9cm、厚 0.3—0.4cm。

右：最长处 12.5cm、宽 9.9cm、厚 0.3—0.4cm。

于河北省易县燕下都出土，现藏于河北省文物研究所。左件为黄玉质，局部受沁呈红褐色，有光泽。右件为滑石质。

图 275

这件光素无纹的龙形玉器出土于燕下都，不经意地反映了燕在战国时的存在状态：循规蹈矩，朴素无华，完全不及楚式玉器的华丽贵气。如图276所示，龙首的处理十分到位，寥寥数笔，五官皆成。嘴微哈，鼻尖翻起前伸，耳上翘，挺胸叉腰，保持着惯有的那份倨傲，尾向上卷曲与颈部相连，鬣毛梳理成弯齿状，出廓排列于脑后，前肢短小，后肢长。风格简练，但工艺很考究，整体有弦边，制作一丝不苟。

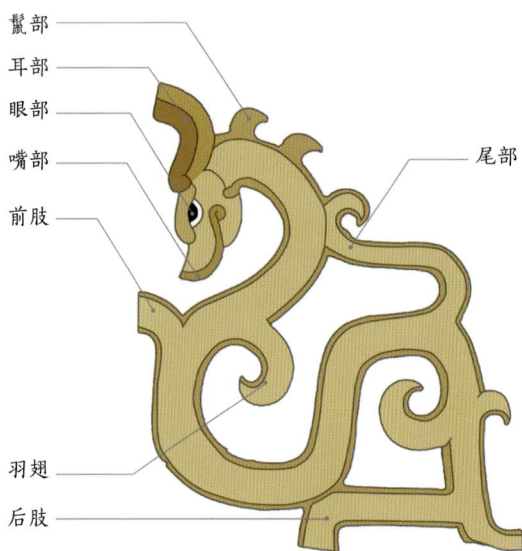

鬣部
耳部
眼部
嘴部
前肢
尾部
羽翅
后肢

图 276

图277的龙纹玉片于河北省平山县三汲乡中山王墓出土，现藏于河北省文物研究所。长6.2cm、宽4.4cm、厚0.2cm。青玉质，半透明，有玻璃光泽。边饰方框，框内浅雕二龙缠绕纹饰。

图 277

　　这件玉片饰很特别，与清代斋戒玉牌的尺寸相近，厚度却只有 2mm，这也是高古玉的特点之一。更为特别的是上面装饰的图案，如图 278 所示，由两条呈对立镜像的龙纹组成，再看龙纹的造型，令人吃惊，与战国玉器的精细繁缛的图案大相径庭，洒脱奔放的线条，随心所欲地刻画出龇牙凶猛的龙的形象。嘴大张，眼神凶狠，龙爪也异常尖锐，像刀片一般，尖牙利齿。精瘦的身躯，孔武有力的四肢，上扬的鬣毛，卷翘的尾巴，简洁而粗犷的线条，具备了浓郁的写意性。形象明显与其他战国所出土的玉龙纹饰有差别，充满了烈性，有侵略感。

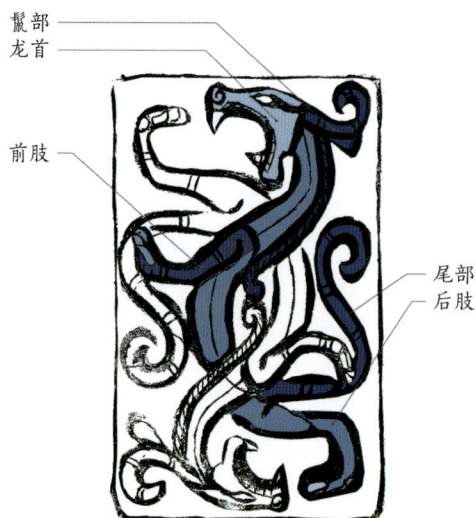

髭部
龙首

前肢

尾部
后肢

图 278

三汲乡中山王据考是中山国第五任国君，其在位时，中山国的国力是最为强盛的时期，虽在燕赵魏齐等强国的包围之中，却异常坚强地存在了200多年，曾被灭国后又复国。"乐羊食子"的典故便来源于魏国征伐中山国的战役中，可见战况之惨烈。所以，这样的龙形也充分体现了中山王的思想及其真实性情。争霸天下、不服输的情绪从这件龙纹形象中充分展现了出来。见图279。

图 279

有评价说中山国是战国七雄时期的第八雄，也是很有道理的。从考古资料看，此玉片大约是战国中晚期的作品，与同时期的玉器相比，颇具中国画写意的特点，凸显粗犷、凌厉、霸气的美，值得仔细品味与研究。

图 280 为龙首五官细节图，可见十分写实的齿牙造型。

鬣部
眼部
鼻部
上齿
下齿

图 280

图 281 的双龙首玉珩于安徽省天长市三角圩汉墓群出土，现藏于天长市博物馆。长 8.4cm、宽 2.5cm、厚 0.4cm。玉色青白，局部褐色沁。两面纹饰相同，通体抛光，玉质润泽。玉珩为双龙首的造型，整器用单阴线雕琢而成，甚有拙味。鼻头方正，随形而作，三角形锐齿，仔细观察会发现，聪明的玉工用一根细阴线把两颗锐牙完美分割开，用浅月白色标记，下齿尖短，齿根粗壮。见图 282。

图 281

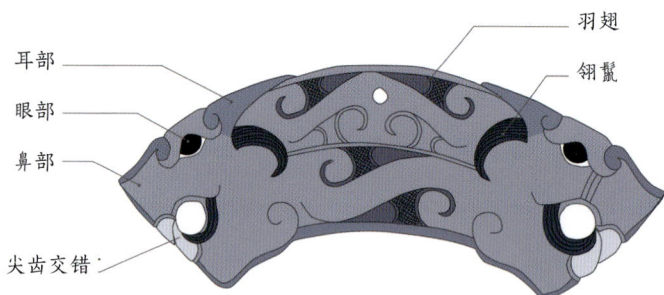

图 282

下齿伸长至上齿内侧，显得尖锐有力，这种加工表现牙齿的方法在商代玉龙中就出现了，由图 283 可见图案的传承。口圆张，上有唇线，下有胡须，圆孔既表现了龙张嘴露齿的样子，又具有供系配的实用功能，这种既是图案造型需要又兼具实用性的处理方式，在战国玉器中经常可见。眼睛呈橄榄形，眼角向上卷起，耳向后扬，五官每个环节相紧扣，不多余一笔，鬣毛从耳后伸出，弯曲向下，并用细阴线装饰。躯干上有羽纹装饰，这类纹饰自商周始，在战国时期经常被装饰在龙身之上。

图 283

图 284 这件洛阳金村出土的龙形玉觿，造型独特，艺术水平极高，可惜已流失于海外，现藏于美国弗利尔美术馆。由图 285 描绘图可见，玉觿呈内弯形，鹰爪如钩，斧形嘴，嘴大张，上下尖牙锐利，眼珠突起，炯炯有神，耳向后上掠，整个身躯装饰起凸的涡旋纹，阴线勾勒弦边，边端上

翘，边缘锐利，并有花蕾纹装饰，上端有突出的系挂孔。是战国玉器的精妙之作。

图 284

图 285

图 286 的这件龙形佩据传也是洛阳金村出土，现由美国大都会艺术馆藏。这件呈 S 形绕结成环的玉龙形器，是战国玉器的巅峰作品之一，从气韵和艺术创造力上看，真是精彩绝伦。

图 286

由图 287 的龙佩描绘图可以看到龙腾跃飞舞的形态，望之，有"飞龙在天"的意境。嘴大张，尖牙锐利，胡须用细阴线装饰。眼睛呈水滴形，凸起，眼神凌厉。耳向后掠，身躯绕结成环，并在下方成结，用绞丝纹装饰，有一种幻化的动感，又仿佛是在不停地螺旋式转动，尾尖向上，内弯成钩。每当看见这件玉龙，眼前总会呈现龙在天际遨游的姿态，脱离了重力的束缚，自由舞动着。此时，玉龙好像正处于收敛的时刻，积蓄着能量，准备下一刻的舒展腾飞。龙的神、形、意达到了契合，品味起来，余韵无穷，先民的艺术创造力令人叹为观止。

图 287

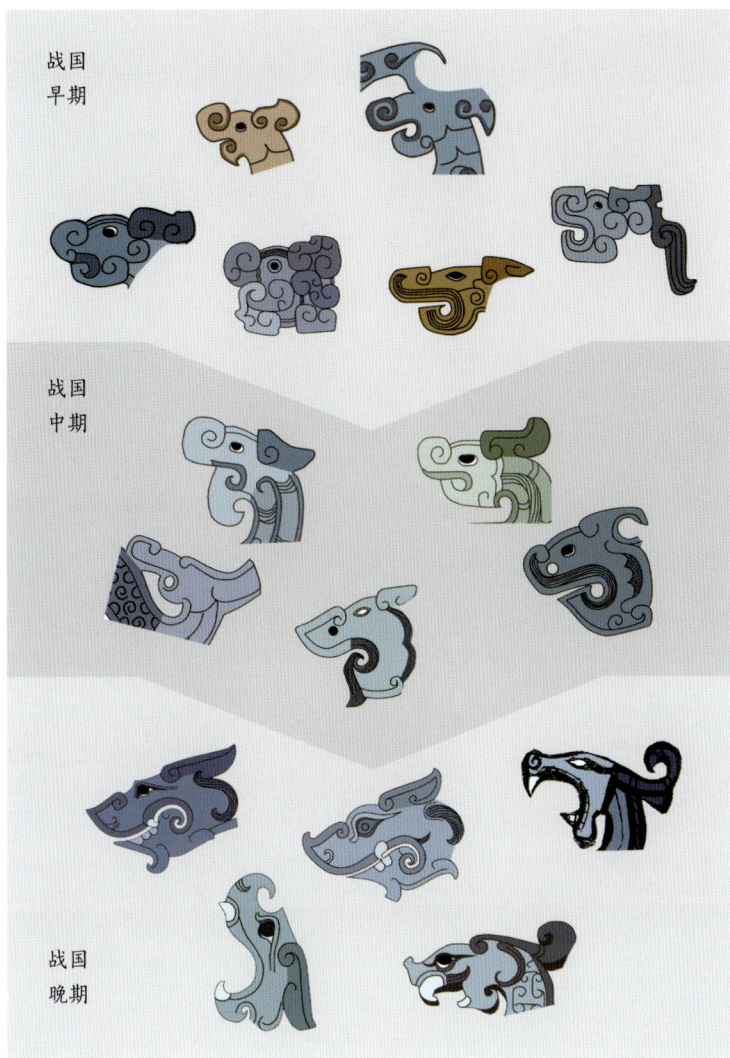

图288

从图288可以清楚看出龙首演化的过程和脉络。早期的玉龙首还充斥着春秋时期的印迹，龙鼻是钝圆的，且短粗，然后慢慢开始变得尖锐并上翘，整个鼻部更像一把刀头；眼睛也从圆眼变成枣核形，眼的两端变尖了，最后呈水滴形，变得立体起来，显得更具象更真实。神态也从懵懂温和变得凶悍威严。从中我们清楚地感受到从战国早期到战国晚期，诸侯争霸愈演愈烈，也日趋残酷。嘴部早期为圆孔状，口大张，无牙齿，随着演化，嘴形逐渐具象，上齿为单齿，尖锐并呈弯钩状，显得饱满有力，下齿多为双排齿，钝齿敦厚有力，下嘴唇变化很大，从内卷变得外翘，这翘起的卷角很可能是从春秋时期玉龙的吐舌造型演化而来的。鬃毛的占比在变小，并用斜索纹装饰，卷曲有力。而到了战国晚期，龙首张嘴的造型变得十分夸张，呈大开大合的形态，齿为上下各一，均呈尖弯形，尖头锐利，齿粒圆鼓饱满，下嘴唇及下巴部分形成斧形图案，鼻尖上卷，弧度增大且尖锐，充满了攻击性。这便是战国晚期龙形的典型特征。

综合来看，由于战国时期依然是延续春秋诸侯争霸的格局，各种思想及治国理念在碰撞，合纵连横的过程中也在相互影响交融，玉器中的龙形象也从少年期的朝气蓬勃与多变逐渐向青年期的成熟霸气演化。春秋时期大多为符号化、抽象化的龙首龙形在战国时期开始具象起来，整体龙形多以S形或称正弦波形为主，蛇形龙成为战国时期玉龙形的主流，商周时期多见的C形龙减少了。龙的肢体生长出来，前肢弱小，后肢粗壮，到晚期，龙形肢体及龙爪表现得更加写实，肢体肌肉的力量感得到充分体现，立体雕塑感强。这时候的龙已充斥着力量，利爪尖牙已长成，欲临渊而跃，无所畏惧。争霸天下、唯我独尊为战国诸雄的终极目标，这时的玉龙形态也充分体现出君临天下一统乾坤的气概来。

汉朝，中国历史上一个大一统且长久繁荣的朝代来了，大汉帝国君王对玉的推崇及喜爱更是达到一个难以逾越的高度，随着考古不断深入，发现对汉代玉器的认识也越来越充分。尤其是广东南越王墓，徐州狮子山楚王墓，以及新近的海昏侯墓等考古发现，提供了更多实例，从而能更深入地认知汉代龙形玉器。

要了解汉代早期的龙纹玉器，首先要了解的是发现于广州市越秀区象山岗南越王赵眜墓的陪葬玉器，这批出土玉器的艺术及工艺水平都是巅峰级别的。南越国自公元前204年赵佗立国至公元前112年赵建德为汉武帝所灭，历经五王，其中赵眜是赵佗之孙，为第二任王，号称文帝（前137—前122年在位）。他的墓葬于1983年在广州市越秀区象岗山上发现，出土了大量玉器，艺术价值极高。虽然从时间轴来看，赵眜比汉代楚王刘郢客还要晚几十年去世，但南越王墓出土玉器却更具备战国楚式玉器的艺术风格。大概由于南越王是异姓王，所以汉王朝皇帝必然是提防的，所赏赐的玉器对比徐州狮子山楚王墓出土的来看，玉质本身及完备性都逊色一些。首先，其玉器的艺术风格更趋同于战国晚期的楚式玉器作品，与安徽长丰杨公墓出土玉器的风格及艺术水平极其一致，因此这批玉器部分来源于对楚的战利品，有以下几个证据。

1.玉器风格与战国晚期长丰杨公墓的出土玉器极为接近，其中有几件玉器看起来似乎为同一人所制作。

2.汉朝建立后，南越几乎是割据存在，直至被汉武帝收服。汉朝对于居住于南隅的异姓王还是有防备的，而玉器具有独特性，是王权的象征，不会轻易赐予，并且由于玉路隔绝，南越王很难得到玉料补充，《汉书》记载有南越王赵佗进献汉文帝白璧一双，却未见赐予赵佗玉器的记载。

3.从出土的玉器来看，有些玉器是在入土前就已破损，墓主人无法做新的玉件来替换，只好修补后继续使用。

在出土的玉器中有以下几件都是这样的情况：

图289这件龙形玉佩，尾部已经断裂，因此用纯金打造了钩头，把断开的部位锔接起来，还可作为带钩来使用。一则是玉贵重，即使损坏也不舍得丢弃，二则也可能是异姓王的缘故，得不到中央汉王朝的赠予，没有了新的补充，只好修补后再使用。原本的玉佩件由于有了加固的金钩，变成带钩使用，残玉获得了新生。

图289

图290把龙形描绘出来，可以看到与前文所列举的战国晚期的龙纹形象非常相似，与长丰杨公墓出土玉器的龙纹形象同承一脉。

羽翅
鼻部
牙齿
眼睛
耳部
鬣部

龙肢

固定用的锔孔
断裂的位置

金质的带钩头

图 290

　　图 291 这件玉铺首正中是镂空雕琢的饕餮纹，鼻上套玉环，环面装饰起凸的涡旋纹。兽面饕餮纹的左侧有尖嘴的螭形。中国传统图案多讲究对称布局，显然这件玉铺首右侧原本也有对称的尖嘴螭，可能在佩戴使用过程中损坏了，为了好看，索性把右边裁切整齐，就成了现在的样子。仔细观察，切口的老化现象与玉表面是一致的，故此玉佩是裁切后入土的，反映出汉代玉器的特殊地位及珍稀价值。图 292 把右侧残损部分用电脑合成技术进行了修补，整体效果就显得十分完美了，端庄对称的美感也凸显出来。

图 291

图 292

从以上实例可以看出，这些玉器即便在当时也是珍贵异常的，这充分体现了汉代玉器象征着王权的尊贵，是君王的真实权势地位的反映。

图 293 的龙首玉觿于广州市象岗山南越王墓出土，现藏于广州西汉南越王博物馆。长 9.6cm、宽 1.8cm、厚 0.2cm。

青玉质，玉色受沁呈淡土黄色。扁平且薄，为南越王墓出土玉器中最薄的一件。雕琢成细长龙形，正面装饰有用减地起凸工艺雕刻的卷云纹；背面纹与正面同，却用阴刻线表示。

这件玉觿龙首鼻尖已经变得内敛，水滴形眼，牙齿弯曲有力，挺胸凹腰整体呈现 S 形，龙爪内弯搭在羽翼部位，尾部呈弯弧状，逐渐收缩成尖。见图 294。

图 293

图 294

图 295 的双龙首玉佩也是广州市象岗山南越王墓出土，现藏于广州西汉南越王博物馆。长 10.2cm、宽 6cm、厚 0.4cm。整体受沁后呈土黄色。片状椭圆形玉器，中间对称镂空透雕两龙首，龙躯弓身上卷连成一体。其上有 3 个小孔，分别位于上缘的左、中、右方，下侧还有两个小孔，供组合型玉件系戴时使用。

图 295

图 296 是描绘图，可见这件玉佩龙首是由外向内望的，相对而视，呈镜像对称布局。龙嘴大张，齿尖锐饱满，回钩内弯，显得凶悍威猛，鼻尖上扬，尖锐翘起，眉弓骨突尖锐，耳向后扬，耳尖上卷，眼呈水滴型，饱满凸起，有怒目圆睁的效果。有前肢一双，爪尖锐利，两肢抬起，像力举千钧，肩背的肌肉凸显，充满力量。双龙共用一个躯体，身躯装饰勾连云纹，具有战国玉器风格特点。正中有一饕餮兽面形象，两眼略方，显得威武刚猛，两耳外侧与龙胸腹相连，耳尖上卷，弯曲夸张。嘴的部分不好理解，可见两撇八字胡须与内弯的齿。古代玉雕大师设计了巧妙的造型，即

在一个平面中表现三个视角的内容，并平铺在一个平面上。这种艺术表现方法，我们从商周玉器中就经常见到，中国古代的艺术创造力可见一斑。舌头长伸而出，龙爪刚好踩在舌上，兽面上端有一桃形冠，上尖与龙躯连接，装饰的阴线细如蛛丝，却充满了张力。加工工艺水平之高超令人叹服。

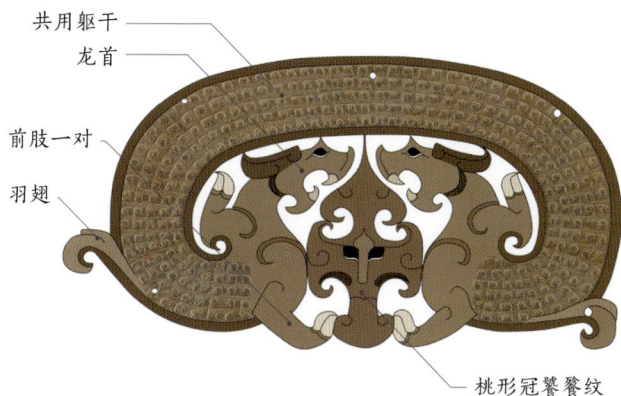

共用躯干
龙首
前肢一对
羽翅
桃形冠饕餮纹

图 296

图 297 这件应称为龙凤纹出廓玉环，也是广州市象岗山南越王墓出土，现藏于广州西汉南越王博物馆。宽 10.2cm、璧径 7.2cm、孔径 4.1cm、厚 0.3cm。青玉，受沁呈土黄色，透绿。玉环内面雕琢勾连涡纹，环孔中镂空雕一龙形，廓外两侧各透雕一凤，攀附璧缘上，凤鸟回首曳尾。龙凤皆以阴线勾勒细部。略有损缺。

图 297

这件出廓玉环也是出土于广州南越王墓的玉组佩件之一，整体透雕镂空而成，主纹饰是玉环正中的龙纹与出廓部分的一对凤形。图 298 中，龙呈 S 形，挺胸昂首，四肢依次排布，四爪攀附在玉环内缘，似乎在用力勾扯住，撑起身躯。嘴大张，尖齿内弯。环外凤鸟向外张望，仿佛护佑着环中的龙。尖喙向下，内弯，粗壮有力，肩胛部的肌肉隆起，充满力量，眼珠凸出，羽翅敛起贴着身躯，尾尖内钩。右侧凤形有损坏，羽翅上翘部分缺失，经修补呈平齐的形状。对比看，这批玉器整体风格更接近战国晚期的楚式玉器，与大约同时期的汉代徐州狮子山楚王陵墓出土玉器相较，有着显著的不同。所以极有可能是赵佗等秦将征伐楚越之地后的战利品，私自留下享用而流传下来的。从艺术角度看，南越王墓玉器整体龙形造型更为张扬不羁，有种威严霸气的美，汉代楚王陵出土玉器及同时期中山靖王刘胜墓出土玉器中龙的形象就温和收敛得多，变得优雅温婉起来。

装饰的勾连云纹
镂空的龙形
出廓的凤鸟纹

羽翼受损的部分

图 298

对玉料进行比较，玉质的精良度上，楚王陵的整体要好很多，即便是埋藏的地质环境有影响，玉器的原生完整性也有很大的差别。这句话的含义是指在入土埋葬时，玉器是完好无损的，而不是损坏修整的玉器。当然在埋藏过程中由于地震、墓室坍塌而受损坏的不算在列。由此得出结论：南越王与楚王的地位及待遇差别很大，甚至于比中山靖王地位还低，其丰富的陪葬玉器，大部分为战争掠夺的战利品。

图 299 的龙形玉璧也是于广州市象岗山南越王墓出土，现藏于广州西

汉南越王博物馆。直径 8.8cm、孔径 4.3cm、厚 0.4cm。

图 299

这件玉璧与上一件很相近，少了出廓的双凤造型，正中的龙少了羽翅部分。外圈玉璧上装饰的是减地起凸的涡旋纹，粒粒饱满（见图 300）。玉呈青绿色，受沁有白化现象。中孔内的龙呈 S 形，镂空雕琢而成，四肢粗壮有力，爪尖趾粒饱满，尾巴用阴线斜索纹装饰。内外边缘有弦边，呈斜坡状。

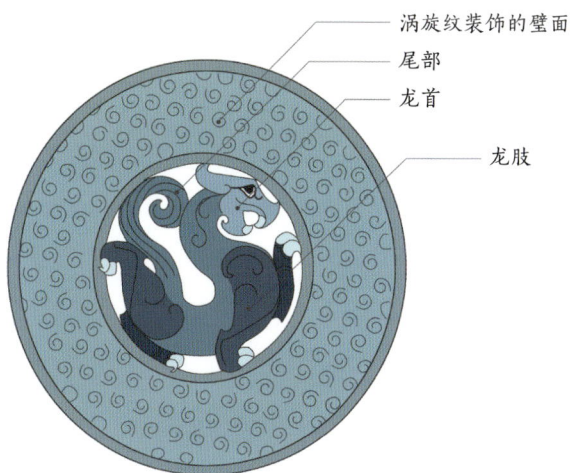

涡旋纹装饰的壁面
尾部
龙首
龙肢

图 300

图 301 的龙凤纹玉环也是于广州市象岗山南越王墓出土，现藏于广州

西汉南越王博物馆。直径 10.6cm、孔径 5.2cm、厚 0.5cm。

青玉质，有浅褐色沁斑，透青亮，有光泽。镂空雕琢而成内外两环。里环龙居环心，前后足及尾延伸至外环；外环有一凤立于游龙伸出的前爪上，回眸与游龙对视。这件佩饰构图主次分明，疏密得宜。线刻与镂空配合运用，龙凤躯体的边缘削减成弧面，中部隐隐凸起，平面中透着立体的效果。

图 301

由图 302 可见此玉环分内外两环，内环中间为一游龙，呈 S 形，腾飞状，前肢关节转折的部位、后肢与躯干连接的部位收束紧凑，仿佛正在积蓄着无限的力量，准备下一次的腾跃。前、后肢及爪部却又伸展很开，肢体部位几乎达到一字形，并突破内环，龙爪牢牢地抓在外环内壁上，给人以强烈的动感，用阔步青云来形容似乎还显不足。龙首部位的收缩与躯干尾部的张扬结合，使我们看到"对偶倒列"原则的不断运用。爪尖用隐起阴刻线勾勒出，"趾粒"饱满，指尖弯曲与外环内壁相接，仿佛全身的力量集中于一指尖，指尖的力度似乎足以开山裂石。龙嘴张阔，似在长吟，凶悍无比。

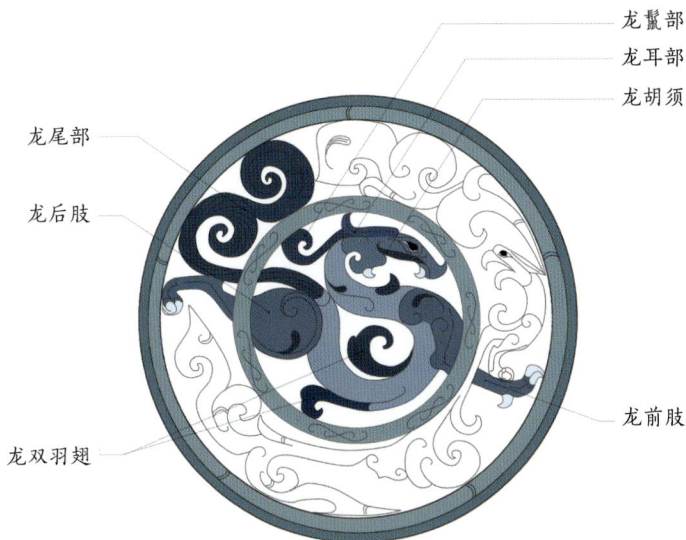

龙尾部
龙后肢
龙双羽翅
龙鬣部
龙耳部
龙胡须
龙前肢

图 302

内外环之间右侧雕琢一凤鸟，体态轻盈，伫立于游龙前爪之上，回眸凝视游龙，凤鸣不止，似在回应，颇有龙一吟凤一鸣而天下宁的意味。凤的形态婀娜优美却不柔弱，凤冠和尾羽均作夸张的卷云纹，与龙的卷尾一起填满内外环之间的空间。见图303。

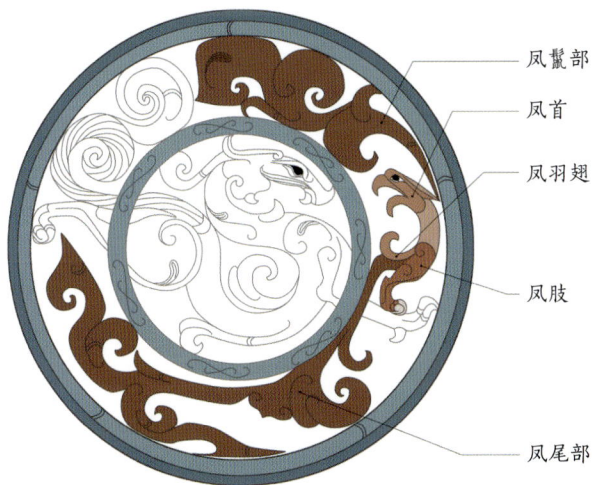

凤鬣部
凤首
凤羽翅
凤肢
凤尾部

图 303

外环上阴线刻五组竹节纹饰，把外环等分为五部分，把五个竹节纹连接起来，刚好是符合黄金分割定律的五边形（见图 304 红色实线部分），连接其中两点（见图 304 黄色虚线），刚好是这个玉璧的黄金分割线，龙和凤的眼珠恰恰就在这条线上。古代玉工认识及掌握美学要素的深度令我们叹服。

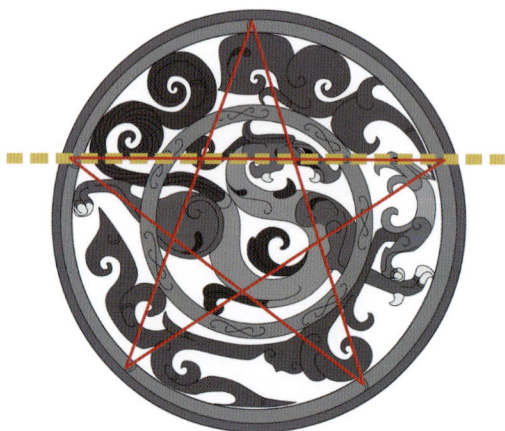

图 304

图 305 展现出整体构图的特点：主次分明，张弛有度，疏密得宜，极有动感。镂空雕技术与"游丝毛雕"的线刻技法有机结合，龙、凤肢体的边缘用小弧面过渡，颇显浮雕感。阴刻线的表现细若游丝，弧线部位转折流畅，张力饱满，线断神却不断。既气宇轩昂，又优美流畅，实属汉代古玉难得之珍品。

图 305

图 306 的龙凤纹玉环也是于广州象山岗南越王墓出土，现藏于广州西汉南越王博物馆。直径 9cm、孔径 4.8cm、厚 0.4cm。青玉，局部受沁，微有剥蚀。这件镂空玉环构思精巧，仔细辨识，为两只龙形和两只凤形组合而成。

图 306

如图 307 所示，龙头为侧面像，水滴状眼，上眼睑修长，颇显怒目狰狞感。无齿，嘴微合，耳后掠，回首张望，前爪用力抓住前方凤鸟的尾部外侧，后爪踩在后方凤鸟的腹部内侧，体形飘逸，流畅生动，头后有鬣，飞扬而起，与前方凤鸟的耳尖相接。

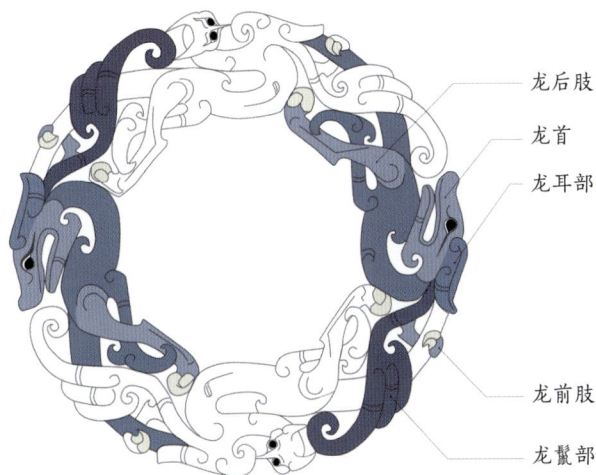

图 307

图 308 中的凤鸟是较为典型的汉代风格，有与龙一样修长的身躯，尖嘴如喙，立耳，身躯呈现 S 形，羽翼卷扬，着意进行了夸张，飘逸至龙首前方，与龙躯缠绕穿插，其前爪抓在龙尾外，后肢爪蹬踏在龙颈部。两龙两凤以同样的姿态交错缠绕，正好构成完整闭合的环形。

雌螭后肢

雌螭首
雌螭前肢
雌螭羽翅

图 308

如图 309 所示，这样的龙凤组合，一阴一阳构成统一协调的图案，蕴含丰富的传统文化思想，是汉代早期玉雕的代表作之一。由于受沁较重，局部钙化剥落。南方土壤对玉的沁蚀还是非常严重的。

图 309

图 310 的双龙首玉珩于安徽省巢湖市北山头西汉墓出土，现藏于巢湖市博物馆。长 17.6cm、宽 3.25cm。局部黑色沁。器呈扁平半弧形，两端雕刻龙首，采用浅浮雕工艺雕琢而成。躯体饰勾连谷纹。上端正中有一孔。两面纹饰相同。通体抛光，亮润。

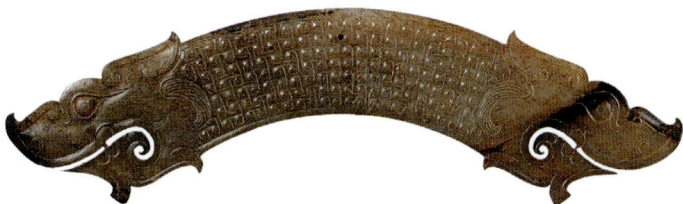

图 310

图 311 中标注出了五官细节，龙首神态凶悍，鼻尖上卷内弯，末端尖锐，眉弓隆起，显得饱满，眼睛微鼓，瞳孔用阴线琢成。嘴微张，上有一齿，尖锐弯曲，下有两齿，并列齐整，下唇内弯到最内处，还有一对尖锐弯曲的牙齿，这种表现形式不常见，很特别，上唇嘴角处有少许胡须。耳向后上挑，耳后下方有鬣毛，其上装饰斜索纹。

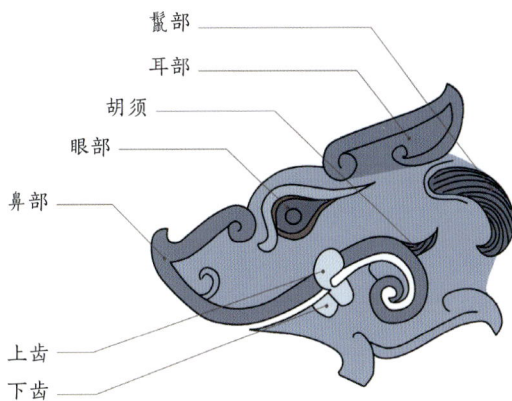

图 311

从图 312 可以看出两龙首共用一个躯体，上面装饰单阴线勾连云纹图案。正中的孔可以供系挂使用。玉珩与玉璜的区别主要还是在佩戴使用中，弯弧向上还是朝下的问题，弧向下称为玉璜，这种使用方法在西周及春秋时期的玉组佩中经常见到。弯弧向上，且正中有悬挂用的系孔，在玉组佩中有平衡悬挂的功用，故称之为珩。除了使用方法的区别外，从器型上看璜更接近于半璧的形状，其弧度更大一些，而珩要平缓一些。

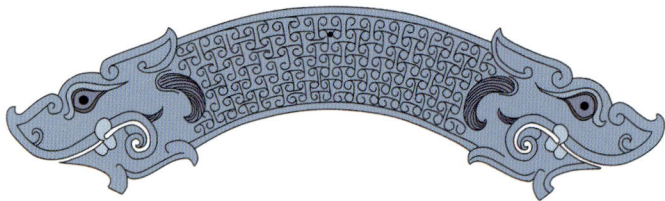

图 312

图 313 的螭龙纹玉带钩于河北省保定市满城区陵山中山靖王刘胜墓出土，现藏于河北省文物考古所。长 5.8cm、厚 1.8cm。

螭龙纹玉带钩局部有朱砂沁染痕迹。主造型为一高浮雕的尖嘴螭，攀附在带钩正面。钩首琢成方嘴螭首。这时期出现在玉器上的龙形造型，龙首无角且更像虎首，古人称之为"螭"。两侧阴刻卷云纹，玉质细腻莹润。汉代玉龙造型写实性更强，且多以浮雕、圆雕件为主，中山靖王墓出土的玉器是西汉玉器的重要发现。

图 313

这件螭龙纹玉带钩是非常典型的汉玉作品，带钩类玉器在四五千年前的良渚文化中就有发现，到战汉时期佩戴玉带钩在上层统治阶级盛行，据载就有勾弋夫人因手握玉钩而得到汉武帝宠爱的故事，故此多见的都是用龙凤纹图形装饰。玉带钩首多用龙首或凤首形装饰，兼备实用功能，这在汉玉中非常多见，把实用性和艺术性有效结合在一起。这时期的圆雕形龙首更像豹头，故称为螭龙，双目炯炯，两耳竖立，钩头的螭龙首回望攀附在尾部的凤形，脖颈的弯弧度，正好形成钩的效果（见图314）。

　　尖嘴螭躯体呈 S 形，颇显动感。汉代凤鸟造型与后代凤形有较大差别。身躯与螭龙的躯干相类似，尖嘴螭有尖喙，整体头形若狐面。翎鬣、羽翅及尾部的造型设计雕琢得非常飘逸，如飞扬的丝带一般。有节奏有韵律，驭风飞舞。这也正是两汉时期一种类型的凤形，与后代的凤形有较大差别。所以这件带钩定名为龙凤形玉带钩应该更准确。

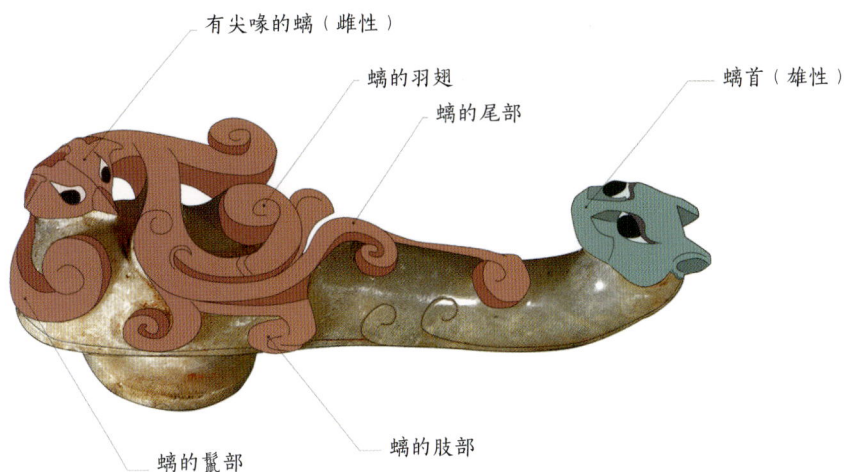

有尖喙的螭（雌性）
螭的羽翅
螭的尾部
螭首（雄性）
螭的臀部
螭的肢部

图 314

　　好的艺术作品是有代入感的，抑扬顿挫，令人气息顺畅。小小带钩之上，龙的静态、简洁朴实、不饰华丽与凤的灵动、繁缛华丽、层次丰富形成反差对比。龙凤俱神态依恋，双眸凝视，含情脉脉。这两种反差状态连接在一起，使整体内容层次丰富。超高的艺术表现力，在汉玉中时常见到，这也是汉代被称为中国玉文化史上巅峰时期的原因。

图 315

图 316 的龙形玉佩为西汉时期的作品，于安徽省天长市三角圩汉墓群出土，现藏于天长市博物馆。长 6.9cm、高 3.84cm、厚 0.24cm。白玉质，龙首有褐色土沁。扁平体，呈三角形。

图 316

图 317 所示的龙呈跃然飞起状，龙身曲折近 S 形，耳向后略微上翘。圆孔点睛，似是斜眼观望，顽皮的神态毕现，身两面单阴线刻卷云纹。尾部有一凤形，尖喙内弯。整器构图奇特生动，展示出高超非凡的艺术创造力，具有很高的欣赏价值。

图 317

图 318 的出廓玉璧于河北省保定市满城区陵山中山靖王刘胜墓出土，现藏于河北省文物保护中心。高 25.9cm、璧直径 13.4cm、孔径 4.2cm。出廓部分镂空雕琢一对龙，相背张口挺立于璧缘上，似有越云欲飞之势。

玉质润亮，黄白色，保存状况甚佳。

图 318

中山靖王刘胜是汉景帝之子，前元三年（前 154）受封中山王，元鼎四年（前 113）去世，葬于满城，谥号靖，史称中山靖王。其与南越王赵眜几乎同时期，用玉规格及特点却差别很大，这说明汉代异姓王与同姓王的待遇区别是非常大的，赵眜所享玉器多为战争掠夺来的战利品，所以整体玉器风格偏重于战国时期楚式玉器风格，而河北中山靖王刘胜墓出土的这件出廓玉璧已经是很典型的汉代玉器的风格。

见图 319，在玉璧上端镂空雕琢出相背的两只龙的造型，昂首挺胸，一足踏在圆璧上缘，另一足迈步前行，躯体弯曲向上扬起，呈对称排列，并在顶部合二为一，形成宝顶一般的形状。龙有两翼，如飘逸的丝带垂于两侧，嘴大张，齿尖锐内弯，额头有脊角，钝形鼻与战国常见的飞扬上卷的尖锐形鼻差别明显。有胡须，水滴形眼，耳后扬，龙首后的鬣显得粗而长，向上扬起，其上装饰绞丝纹。

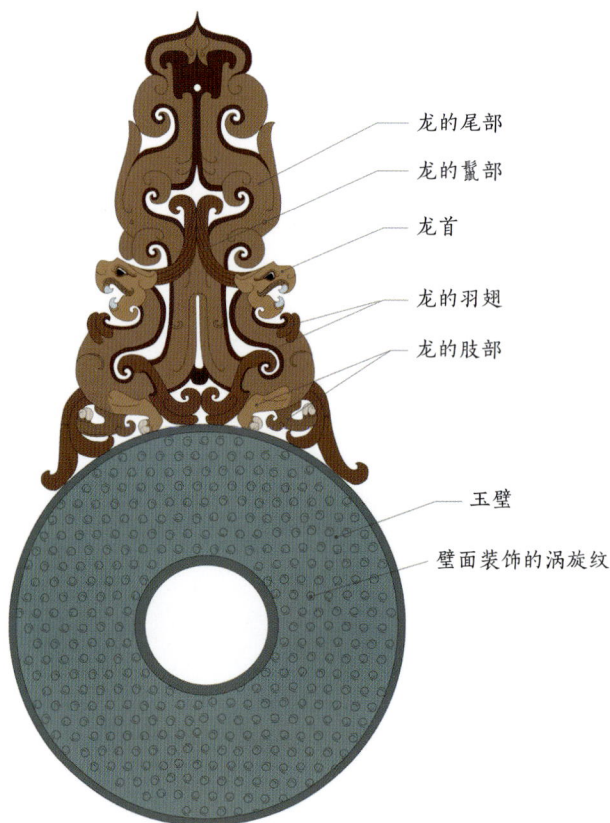

龙的尾部
龙的鬐部
龙首
龙的羽翅
龙的肢部

玉璧
璧面装饰的涡旋纹

图 319

如图 320 所示，与战国玉龙比较，龙的神态要温和许多，少了一分凶悍和霸气，多了一丝富贵相。玉璧工艺考究，用料精良，细节部分一丝不苟。玉璧有弦边，中间璧面装饰涡旋纹，是减地起凸的手法，立体感十分显著。上部有系孔，供系佩使用。此出廓玉璧体量硕大，很难想象如何佩戴使用，更令人惊叹的是，玉璧整体完好，无一丝损伤，历 2000 余年保存至今殊为难得。

图 320

图 321 的出廓龙形玉璧为江苏省徐州市狮子山汉墓出土。高 18cm、宽 11.9cm、厚 0.5cm。白玉琢制，以浅浮雕、透雕技法雕出盘曲的龙形。龙体丰满，张口露齿，身饰勾连涡纹。

这件出廓龙形玉璧已经残损，玉璧的下半部分缺失。从现有的部分看，玉璧的上部采用镂空透雕的手法雕琢出 S 形龙纹造型。龙体丰满，龙回首张望，阔步前行，鬣及龙尾部分设计得十分夸张，繁缛而绵长，转折穿插，回旋往复。龙嘴大张，尖牙，有胡须，水滴形眼，爪蜷起，简化变形，趾尖饱满有力。

图 321

　　图 322 中，龙整体方正而不呆板，威凛而不柔弱，给人以龙腾万里之感。有学者认为尾部有凤鸟造型，至少在外形上是符合的，龙凤合体的图案造型在这一时期日趋成熟并逐渐演化成主流纹饰。璧面部分已残损，只余半璧，上饰涡旋纹，采用减地起凸工艺制作而成。在出廓玉璧这一类型玉器中属汉早期的标准器，具有标杆意义。

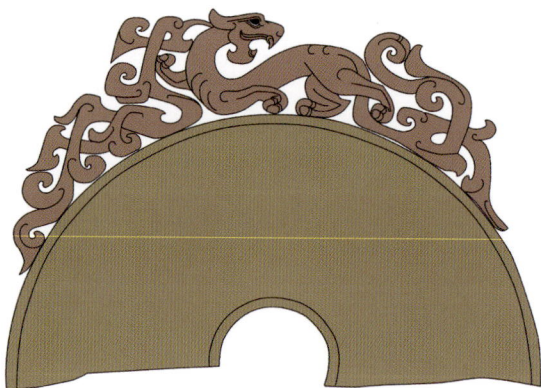

图 322

　　图 323 的双龙首白玉珩于江苏省徐州市狮子山汉墓出土。长 23.4cm、宽 5.7cm、厚 0.6cm。白玉质，有土沁。两端透雕双龙首，中部饰勾连纹，内缘出廓处有连续的透雕纹样，惜已残缺。正中顶部有小孔，应为佩戴穿坠时使用。

图 323

江苏省徐州市狮子山出土玉器目前整体来看是等级最高、玉质最好的汉代玉器，充分体现了汉代玉器的制作水平和艺术风格。其中这件玉珩为双龙首形，白玉质，尺寸非常大，有 20 多厘米长。玉珩是出廓式，可惜出廓镂空部位已经损坏，龙首部分是完整的，见图 324。造型奔放大气，线条婉转流畅，用细阴线描绘出五官的形态，眼为水滴状，凸起，中有瞳孔，如怒目圆睁，炯炯有神。上眼睑修长，尾上挑，并用细若游丝的线条装饰其中，又似眉线。嘴巴微张，上有胡须，用同样的细线装饰。上牙尖锐弯曲，饱满圆鼓，若有巨大咬合力，下牙厚实平整，有两颗并列，鼻尖上卷有弯，头顶有尖锐脊角，耳宽扁，向后掠，耳后有鬣，用斜索纹装饰。嘴下巴向前伸突的部分，我们在商周玉龙纹中可见到，代表龙的舌，就如同蛇吐芯子的样子。而演化至此有些不知所云，更像装饰造型一般，见图325。而鼻部上弯的双阴弧线，在春秋战国玉龙首造型中都出现过，也可以看成是图案纹饰的一种延续。耳部的形状同样如此，可与图326春秋时期的龙首进行比较。

图 324

图 325

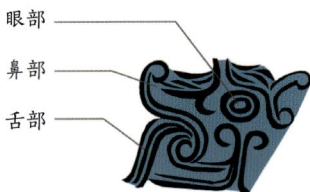

眼部
鼻部
舌部

图 326

图 327 的螭纹玉戈于江苏省徐州市狮子山楚王陵出土，现藏于徐州博物馆。长 17.2cm、宽 11.2cm、厚 0.7cm。青白玉质，边缘沁泽较重。仿青铜戈造型，援、内、胡、穿齐备，器身两面琢刻勾连云纹。

图 327

玉戈是较为少见的玉器类型，是重要的礼仪用玉，是身份和权力的象征。狮子山楚王陵出土的这件十分精美，玉质精良。这件有 4 组穿系孔，应该是绑缠在长杆或权杖上所用，表面用阴刻线琢出勾连云纹的装饰。

如图328，在胡与援之间还镂空透雕了螭龙，沿着戈的边缘，螭龙的四肢错落有致地依次前行，尖锐的爪有力地抓着，羽翅上扬，尾巴后卷，并有斜索纹装饰。龙首前望，嘴大张，下唇如斧，齿尖如钩。水滴形眼，有胡须，戈内处雕琢的是凤鸟纹，采用浅浮雕工艺。尖喙，椭圆形眼，羽翼飞扬，很是霸气。玉戈下方有土沁，局部较重，土黄沁下方是深褐色的沁色，变化层次十分丰富。

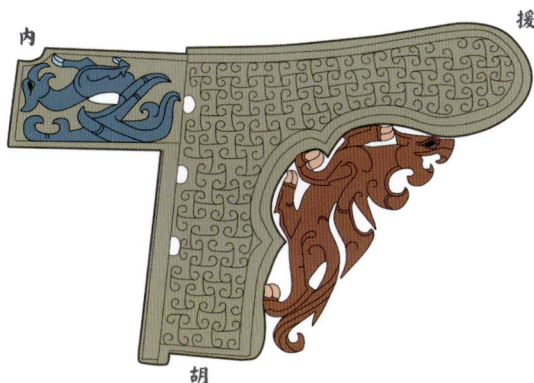

图 328

图329的双龙玉佩于江苏省徐州市狮子山楚王陵出土，现藏于徐州博物馆。长19.6cm、宽6.2cm。青绿色玉质，局部带沁斑。双龙同体形，挺胸昂首，犹如龙形璜。龙身琢满乳钉纹。龙身上下侧附饰规矩的云气纹。

这件玉佩是西汉玉器的代表作品，是双龙首造型（见图330）。躯干是共用的，装饰涡旋纹，减地起凸工艺作成。龙首尖鼻翘起，嘴大张，神态凶猛，回首轻咬着小羽翅。玉质精良，可惜下半部分主体造型残损，龙耳后的鬓也有缺损，玉佩下方还有两肢尚好，用浅绿色标识。残损部分推测应该是一对凤形图案，残留的肢爪很有张力，可以想见完整时是非常精美华丽的。

图 329

图 330

对比安徽省长丰县杨公战国墓出土的玉器（见图 331），可以帮助我们认识玉龙纹的演化。对比而言，这两件玉佩大形上很相似，几乎为同一摹本制作而成，而且也是在双龙首玉璜的基础上演化的，龙首的姿态与龙前肢的位置关系，以及装饰的云气纹等均显示两者的传承性非常明显。但细节上又有非常多的不同，杨公战国墓龙佩的龙嘴开合得更大，前肢的蜷起更有力，躯干的外形弧度也更有张力，其上装饰勾连云纹，而汉代这件装饰的是涡旋纹（见图 332）。鬣毛及其演化部分占比也比战国那件多一些，更显得宽厚一些。胡须及鬣毛均用细小阴线装饰，细节的处理也更考究。

弓形躯干的向外张力要弱些，有绵软感。总之，战国的显得有力量感、威猛凌厉，汉代的这件显得更华丽一些。

图 331

图 332

图 333 的龙形玉佩于江苏省徐州市狮子山楚王陵出土，现藏于徐州博物馆。长 17.1cm、宽 10.8cm、厚 0.6cm。青白玉质，透明晶莹，局部带沁斑。S 形龙体，形体蜷曲，龙身琢刻勾连云纹。长尾上卷，身旁附饰云纹，增加动感之美。腹中穿一小孔，用于系佩。这件龙形玉佩是楚王陵出土玉器中极具代表性的作品之一，充分体现了西汉时期治玉的水平和理念。这件玉佩玉质精良，几乎没有什么沁蚀，是上好的和田美玉制成。由此可以看出，早于丝绸之路的玉石之路随着汉帝国势力范围的拓展已经畅通无阻，西域的美玉源源不断地从玉门关经河西走廊进入中原，成为汉代帝王享用的重要贡品。由于和田玉的质地细腻，结构紧实，所以可以用来制作

更为精细繁杂的图案，使汉代治玉水平达到一个亘古未有的高度。

图 333

见图 334，从造型上看，这件玉佩为片状玉，整体镂空而成。龙的神态凶猛威严，鼻部上扬弯曲，尖锐翘起。额头有尖锐的脊突，眼圆睁，鼓起，炯炯有神。上眼睑和眉合为一体，突出了威慑感。嘴大张，牙齿尖圆饱满，充满力量，大张的嘴有仿佛可以吞噬一切的霸气。所有出脊的部位末端都非常尖锐，给人一种锥刺感，似具备侵略性，这也正是这一时期汉代帝王精神思想的真实写照：锐意进取，征伐天下，唯我独尊。

龙躯装饰勾连云纹
后肢
龙尾
牙齿
耳部
鬣部
前肢

图 334

能达到这样的艺术效果，玉材的坚韧性是很重要的。这一特性决定了即便是有这样多的尖角凸出，也不易在使用中损坏。

帝王们喜欢这些威猛霸气、边角锐利的玉器，使汉代的玉器逐渐有了自己独特的艺术风格。由于承袭了战国楚式玉器的艺术特点，整体玉器风格洋溢着浪漫的气质，见图335，玉器上多有云气纹装饰，鬣及翅尾也是飘逸转折，韵味十足。龙鬣随脖颈顺下，又细又长，直至龙爪部位，鬣也不是单一的形状，而是有顿挫，有分叉，有粗细变化，其上还用极细的阴线描绘出轮廓。龙肢表现上，一前肢刚好蹬踏在鬣的尾部，肌肉结构及关节用浅浮雕工艺，呈现蹬踏的力量感，爪部扭曲的弯弧度及爪尖的饱满鼓起，强化了蕴含着的力量。身躯呈"几"字形，背部高处的羽翅纹也进行了有意的美化，形态变得丰富起来。蜷曲的羽翎，镂空雕成，充满着流动的韵律。龙躯的主体装饰勾连云纹，线条细密，几不透风，与羽尾的舒展宽阔形成对比。两后肢在尾部分开，一足踩腹，一足踏尾。尾卷起，装饰华丽，飘逸感十足。另一羽翅自腰部穿下，经右后足与尾部汇集一体。汉代玉工的图案设计完全不拘泥于定式，创造出的龙纹形象协调且充满动感，从头到尾一气贯之，韵味无穷，极富艺术含量。

图 335

图336的这件S形龙形佩也是江苏省徐州市楚王陵出土。器型硕大，工艺精湛，装饰感强烈。龙形神态庄重威严，但缺少战国龙那种凌厉、充

满侵略感的气质。身躯装饰的涡旋谷粒变小了，排列也疏朗得多。勾勒造型的细线很有弹性，同时强化了造型结构的边界，视觉效果更显立体，工艺性增强。比较起来，整体艺术性弱于战国龙的形象，但因为玉料精良，工艺更加考究，不断推动着汉代玉器走向玉文化史的巅峰。

图 336

龙眼是凸起的，上眼睑的凹槽也打磨得很精致，弧形的过渡自然柔和。下眼睑形似一条窄线，非常逼真写实。额顶的脊角尖锐凸起，牙尖锐利，颗粒饱满。如图 337 所示，胡须飘扬，用单阴线细密地装饰，耳向上掠，卷起，耳后有下卷的鬣，呈绞丝形，龙首后还有细密的单阴线装饰的"3"形鬣毛。龙爪如鹰钩，结构用单阴线勾勒出，有小羽翅，生长在龙肢结合部，整体有弦边，边缘翘起。

眼部
胡须
鼻部
牙齿

耳部
鬣部

羽翅

肢体

凸起的涡旋纹

图 337

图 338 的这件玉觹也是江苏省徐州市楚王陵出土，龙首特征反映的是汉代典型期的作品。整体呈现弯弓形，尾部尖锐，眼睛凸起，身躯装饰网格状涡旋纹，龙躯腹下装饰云气纹，并有小龙，呈 S 形，小巧而精致。

图 338

图 339 标识出龙形各部位的名称，有助于辨识。

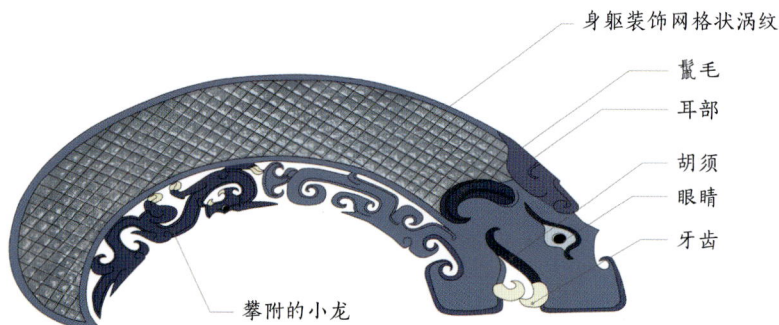

身躯装饰网格状涡纹
鬃毛
耳部
胡须
眼睛
牙齿

攀附的小龙

图 339

图 340 的螭龙纹玉剑璏于山西省朔州市平朔露天矿生活区出土，现藏于山西省考古研究所。长 4.7cm。玉器整体呈长方体，正面雕琢一穿云螭龙，螭龙首形似豹首，背面有穿孔。玉质钙化，呈现牙白色。这件玉器的特殊之处就在于运用了完全写实的风格。

图 340

如图 341 所示，整个玉剑璏的表面雕琢出跌宕起伏的波涛一般的云气纹，龙在其间穿行，龙首探出云层，腰腹却隐藏不见，尾部进了云层，尾尖又翻卷出来，颇应了一句"神龙见首不见尾"。浓郁的云气翻滚着，层层叠叠，螭龙在其间遨游，充满活力。整块玉器雕琢成一幅图画，高浮雕工艺产生强烈的立体写实效果，和商周玉器的写意性相比，有着明显区别。

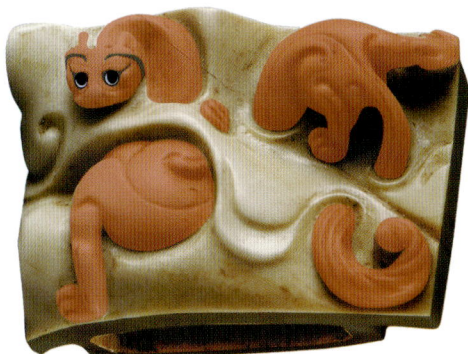

图 341

图 342 的龙形玉环于安徽省天长市三角圩汉墓群出土，现藏于天长市博物馆。最大径 5.53cm、孔径 3.5cm、厚 0.4cm。白玉，局部黄褐色沁。玉龙嘴衔尾弯曲如环，龙口大张，眉骨尖凸。龙体两面仅阴刻两组卷云纹，意为云从龙。

图 342

龙形玉环是一件超有想象力的作品（见图 343）。龙口大张，咬住龙的尾部，上齿粗大，下齿细小一些，鼻尖上卷成弯钩状，额头呈尖脊，耳尖上扬，鬣向后卷起，鬣毛粗壮长卷，与躯干相连，这种造型通常称咬尾龙。身躯内卷成环形，越内卷越细小，又仿佛在向里无限延伸，构思巧妙，极有创造力，表现出高超的审美情趣，具有很高的艺术价值。

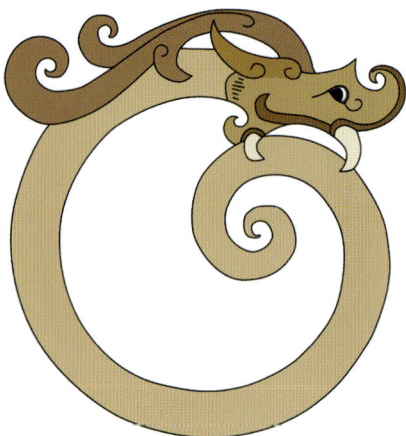

图 343

　　图 344 的双龙首玉珩于安徽省天长市三角圩汉墓群出土，现藏于天长市博物馆。长 9.6cm、宽 2.1cm、厚 0.36cm。白玉，局部褐色沁。弧形扁平体。两端雕琢龙首，微张口，水滴形眼。下颌各穿一孔。龙身刻细线菱形几何纹，背部两脊突出，有两穿孔。两面纹饰相同。通体抛光。这件玉珩的纹饰非常特别，尤其躯干上装饰的菱形纹在玉器上极其罕见（见图345）。这种纹饰有涟漪般的动感，给人以视觉错落的效果，从而产生不断的波动起伏感。这种通过图形构成产生视觉误差的方法，在现代图案设计中被广泛运用，而我们在汉代玉器上就已经运用了。共打有四孔，显然是玉组佩来使用的。

图 344

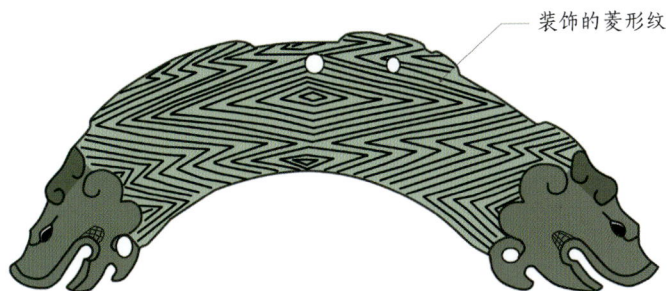

装饰的菱形纹

图 345

图 346 的螭龙纹玉剑璏于陕西省西安市长安区郭杜镇邓店村汉墓出土，现藏于长安博物馆。长 10.1cm、高 2.2cm、厚 3cm。玉呈青白色。玉质细腻，抛磨光亮，体呈长方形。两侧下弯微卷，正面高浮雕一对雌雄螭龙。玉剑璏是汉代剑具中装饰在剑鞘口端的玉器，此玉剑璏的螭龙造型是汉代典型期的作品。

图 346

由图 347 可见，玉龙造型更加写实。雄螭龙体态舒展，孔武有力，方嘴阔面；剑璏上端雕琢出尖嘴的雌螭，水滴形眼，"几"字形耳，体型柔小。

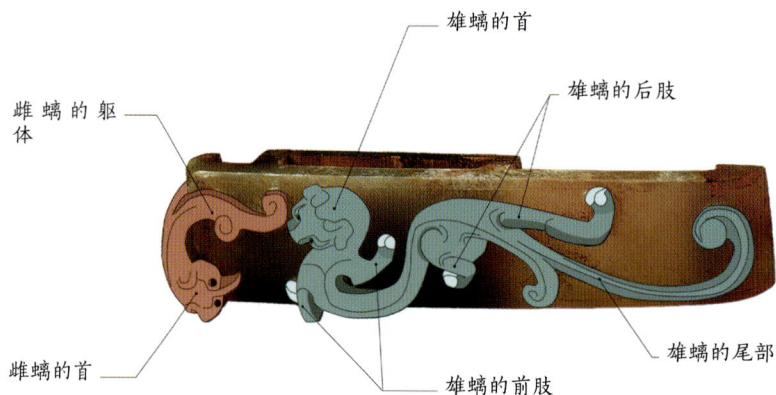

雄螭的首

雄螭的后肢

雌螭的躯体

雌螭的首

雄螭的前肢

雄螭的尾部

图 347

雄螭身躯舒展呈 S 形，前肢攀附剑璏表面，后肢前后错落蹬踏有力，整体动势灵活。绞丝纹尾很舒展，旋转有劲。肢体和躯体的边缘陡立，立体感强烈。眼中满是柔情地凝视着雌螭。雌螭体小，姿态婀娜，回首张望雄螭，含情脉脉，满是依存和眷恋。

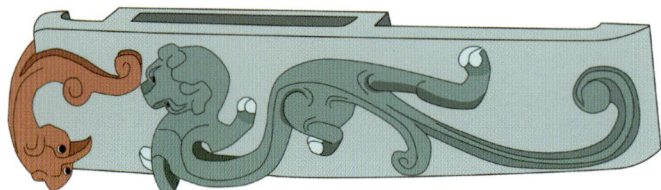

图 348

此件玉器为西汉中期制作，凶悍威猛的龙形中流露着几分温和的情绪，相恋关爱之情跃然而出，使我们看到，即便是权势威仪，也应有情有义。这种富含着情绪的龙形玉器在汉代玉器作品中时常见到，这是极高超的艺术作品。

图 349 的龙纹玉剑璏于安徽省巢湖市放王岗汉墓出土，现藏于巢湖市博物馆。长 7.7cm、宽 2.2—2.3cm、厚 0.7cm、高 1.7cm。青白色，局部有褐色沁。正面微凸，浅浮雕一夔龙，做曲身回首状，长尾拖卷。底素平。

图 349

这件玉剑璏的龙纹是与众不同的存在，如图350把龙形描绘出来，可以看到，双阴线勾勒出菱形眼，鼻头上卷，耳朵耸立，尤其牙齿夸张，像插了两把小刀。龙首回望，体态慵懒。与众多矫健飞扬的龙形不同，这条龙尾巴拖沓着，又粗又软，所呈现的龙的造型结构虽与很多汉代玉剑璏上的龙相似，形体却如此油腻。但再细看，制作也很认真，每个细节都刻画到了，颇有一份稚拙的童趣。现在只能猜测剑璏主人的真实意图，或许此玉器只是在起稿阶段而未来得及深入完成的作品，抑或是时间所限，只能草草而就这样使用了，又可能是主人就喜欢这种粗犷简单的纹饰风格，凸显一种稚拙。总之，这是汉代玉器中龙纹的另类之一，十分罕见。

图 350

图351的四灵纹玉铺首于陕西省兴平市汉武帝茂陵陵园出土，现藏于兴平市茂陵博物馆。高34.2cm、宽35.6cm、厚14.7cm，重10.6公斤。

图 351

　　青玉，苹果绿色，背面有较多的土沁。玉铺首大致呈长方形，造型奇特，将饕餮形象与四灵形象巧妙地结合在一起。

　　这件玉铺首重达 10 余公斤，似为蓝田玉所制，如此体量的玉器作品，制作得又这样精美，充分体现了汉武帝的雄才伟略。见图 352，玉铺首整体为饕餮兽面纹形象，怒目圆睁，威武霸气。眼珠圆润饱满，圆鼓突起，中间瞳孔用单阴线勾勒，整体似圆见方，这是一种高超的艺术表现手法。正中鼻干顺直而下弯成环扣，可供套环用。鼻部两侧起棱，棱有凹槽，棱向上延伸横向展开形成眉毛的形状。正中单阴线雕琢花蕾纹，线细若游丝，是典型的游丝毛雕工艺特点。玉铺首右侧雕琢龙造型，嘴大张，凌空飞舞，用蓝色涂饰，紧挨着的是回首张望的朱雀形象，攀附在兽面的眉弓上，左侧为用黄色标识的螭龙和龟蛇合体的玄武造型，用紫色标识。

　　这便是代表镇守东西南北四方的灵兽。相互呼应，形态生动，活灵活现。图 353 中，饕餮雕琢得凶猛威严，凝视前方。并融合浅浮雕、高浮雕、线刻、钻孔等技法，对器物进行多层次雕琢。是汉代玉器的代表作品。

图 352

图 353

　　图 354 的西汉龙形玉佩于安徽省巢湖市放王岗汉墓出土，现藏于巢湖市博物馆。最大直径 4.16cm、最大宽度 1.27cm、厚 0.4—0.49cm。青白色，龙尾部有褐色沁。表面抛光，圆润光滑。圆雕，龙首衔尾弯曲呈环形。口微张，露齿，与尾相连。水滴形眼，眉弓凸起，鼻梁前突，鼻尖上翘，耳尖后掠，前肢蜷缩在龙首后侧，这一姿态与西周许多玉龙的造型类似。后肢后爪勾在玉龙的尾部，尾部向内卷起，用竹节纹装饰，龙全身用鱼鳞纹装饰，双阴线雕琢而成，这也是非常少见的纹饰类型，应该是目前考古

发现中最早完全用鱼鳞纹装饰的龙纹玉器,似乎在表达龙无所不能,可飞于天,可入于渊。牙齿长于唇前,与龙尾相衔接成环。脊颈及肢体均有细线装饰,如鬣毛一般,鱼鳞纹渐次由大到小,产生粗细变化的视觉效果,这种效果使龙身体产生立体感。这件咬尾龙造型应该是传承了商周玉 C 形龙的造型,开口逐渐闭合形成环形龙纹佩。见图 356。

图 354

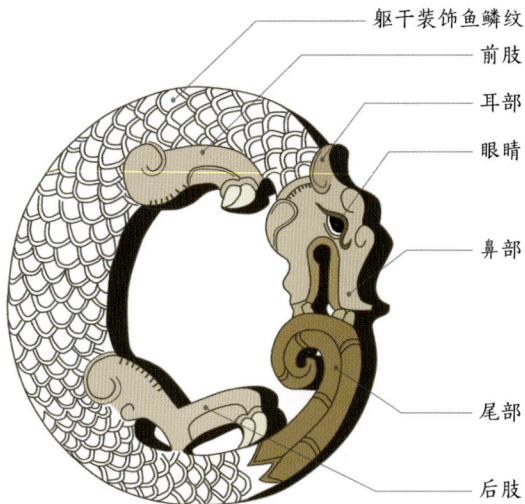

图 355

图 356

图 357 的镂空螭龙纹玉佩于北京市丰台区大葆台 2 号汉墓出土，现藏于大葆台西汉墓博物馆。长 8.9cm。白玉质。玉佩中间镂雕一只盘绕的螭龙。螭龙双面雕，并以阴刻线条装饰，形象生动简朴。

图 357

玉佩为出廓式（见图 358），出廓的部分形成花蕾缠枝的形状，亦可成为系佩用的扣眼。环的中间镂空雕琢的龙呈 S 形，为螭龙首，造型简洁，鬣飞扬上卷，有较小的羽翼，脚趾有三只，尾较长，呈盘旋环绕状。环边刻有两圈弦纹，间以六组竹节纹分割。白玉质，质地细腻通透。

图 358

图 359 的龙纹玉牌饰于湖南省长沙市咸嘉湖陡壁山 1 号墓出土，现藏于长沙市博物馆。长 8.8cm、宽 4.3cm、厚 0.3cm。

图 359

白玉质，局部有黑色沁。长方形，外周有宽 0.3cm 的外框。框内单面透雕龙纹，一端有从背面钻的圆形而有缺的穿孔。背面无纹，打磨光滑，一侧上下角磨薄。应为镶嵌使用。

如图 360 所示，龙首的造型非常独特，居然是马首，长脸合嘴，鼻孔大张，水滴形眼，鬣毛自脑后穿于胸前，身躯呈 S 形，兽形爪，四爪依次分布，非常写实，爪有三趾，趾骨隆起，展现出力量感，爪尖又弯又长，如鹰爪一般锐利，这与许多汉代龙纹玉器不同，且趾间分开，充盈着握力，有羽翅，在躯体背部回绕，似乎为框所羁缚，欲挣脱破壁而出。尾巴亦呈S形，并用阴刻的斜索纹装饰。马首龙身的造型蕴含着龙马精神，在中国传统文化中，龙与马代表了乾与坤，是配合的、互补的，是刚柔相济的处世之道，这件玉佩显然表达了这一思想。

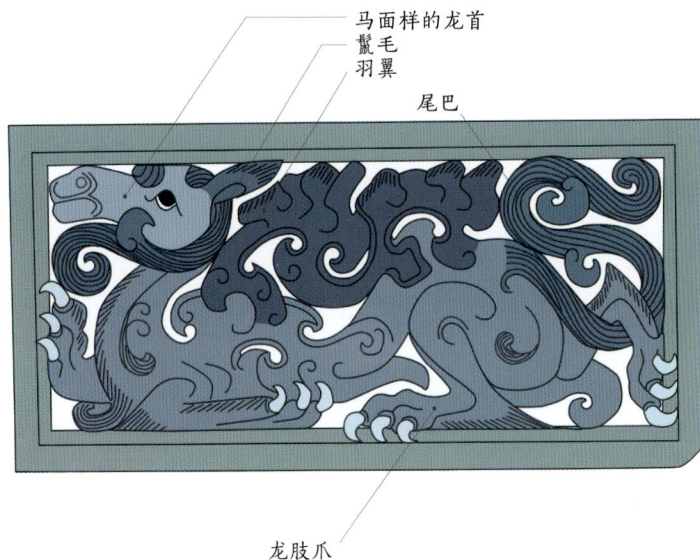

马面样的龙首
鬣毛
羽翼
尾巴
龙肢爪

图 360

图 361 的出廓龙形玉剑珌于湖南省长沙市蓉园 13 号墓出土，现藏于湖南省博物馆。长 5.9cm、宽 6cm、厚 1.2cm。玉剑珌是装饰于剑鞘上的玉器。玉质黄白色，受沁较重，局部有深褐色沁。上窄下宽，略呈梯形。背面为变形云纹。上端中央有三小孔，两侧小孔斜向中心，三孔贯通，用以固定于剑鞘上。

图 361

如图 362 所示，这件玉剑珌上面雕琢了一只出廓的螭龙形，常见的多为阴刻图案、浮雕造型等，这种出廓类型的玉剑珌却较少见，严格来讲这件应该为高浮雕工艺与出廓镂空相结合。

图 362

螭龙造型呈S形，龙首为典型的螭龙造型，圆形双眼，"几"字形耳朵，四肢矫健有力，肌肉隆起，爪尖弯且锐利，短嘴，方下巴，眉尖扬起。龙的鬣毛从颈后绕于嘴前，顺着身躯绕环扬至高处，两足踩踏其上形成连接的一体，一后肢踩在尾部，尾用斜索纹装饰，玉剑珌底纹用阴线琢出几何形兽面纹。见图363。

图 363

图 364 为新莽时期的玉带钩、玉环扣。于广西壮族自治区合浦县环城乡黄泥岗出土，现藏于合浦县博物馆。

左边的玉带钩长 4cm、宽 1.5cm，右侧的玉环扣直径 4cm、孔径 2.5cm。

图 364

出土于广西的这组玉带钩，独特而极少见，出土时，凤形玉钩与龙形玉环相互勾挂在一起。这组完整出土的玉器对于我们认识和了解这类玉器的功用有极其重要的意义。以前见过类似凤鸟形带钩，有传世，也有出土，却不知有这样的玉环扣，故对其使用方法懵懂不知其所以然，见着这对玉带钩后，豁然开朗，凤形玉带钩与龙形玉环扣搭配在一起才是完美的组合。

玉为白玉质，沁染成浅黄色。如图 365 所示，玉带钩为尖嘴凤鸟形，长颈回弯，双羽收敛，身后有圆形系扣，用于系固丝带。玉带环扣为咬尾龙的造型，螭龙环绕一圈，顽皮地咬着尾巴，正好形成闭合的玉环。龙首颈部镂空处可供系固丝带，龙身的部位可以挂扣玉钩，配合巧妙。

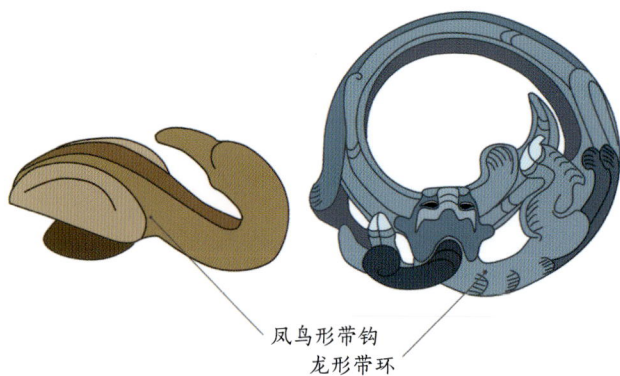

凤鸟形带钩
龙形带环

图365

圆雕玉凤形态优雅，环扣的螭龙头和四肢用高浮雕，躯体上的结构纹等则以细线阴刻。线条流畅，韵味高远。

图366的龙形玉环于江苏省扬州市邗江区甘泉老虎墩东汉墓出土，现藏于扬州博物馆。直径10cm、孔径4.7cm、厚0.4cm。青白玉质，边缘带红色沁斑，似为巧留的玉皮。全器透雕与圆雕结合，雕出一只大螭龙与小螭龙盘桓缠绕在一起的形态。图367将大螭龙用土黄色涂识后我们可以轻易看出螭龙的走向，盘桓了两周，躯体也由粗逐渐变细，并在尾部分叉出两条螭尾。

图366

大螭龙张嘴露出尖锐的牙，仿佛虎牙一般，透着几分顽皮可爱。大眼方正，嘴部舌部分层雕琢，层次清晰，把内在结构表现得非常写实。"几"字形耳，这亦是汉代螭龙的典型特征。头顶有鬣。单肢弯曲着抓在尾部。肢体侧有羽翅，躯干除了装饰短阴线代表毛发，尾部还用节纹分割。见图367。

图 367

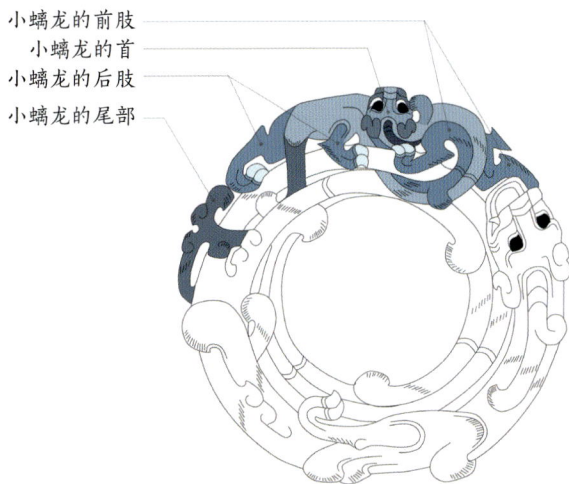

图 368

另一体形瘦小的螭龙缠绕其上，用蓝色涂识。小螭龙四肢俱全，可见有三只肢爪，另一肢隐于大螭龙的首后。小螭龙的尾部与大螭龙的尾部交织穿插，若父子般嬉戏玩闹，舐犊之情盈溢而出。

这种题材命名为"苍龙教子"，绵延传承了数千年，在明清的玉雕中也经常见到，充分表达了父爱的厚重。即便拥有至尊的权势，也应承膝下之欢，保持一颗仁慈之心。此件玉器可以说是最早的范本之一。见图369。

图 369

图370的"宜子孙"玉璧于江苏省扬州市邗江区甘泉老虎墩东汉墓出土，现藏于扬州博物馆。高9cm、直径7cm、厚0.4cm。青玉质，晶莹温润，局部带褐色沁泽。主体呈璧形，上面出廓，璧面透雕一对相背游动的螭龙，廓内外透雕"宜子孙"三字，构思奇妙，这是东汉时期典型出廓璧形式。通体透雕，出廓部分透雕一只凤鸟，伏在"宜"字之上（见图371）。进入东汉，龙形玉璧有了新的变化，尤其在这种出廓玉璧中。除了龙凤这类不可或缺的造型元素外，在玉璧正中自上而下排列了"宜子孙"三个篆体字，"宜"字在甲骨文中代表祭祀时的盛器，现引申为相安和顺之意，所以此玉璧中的"宜子孙"即为子孙祈福，福荫子孙的意思。自此可以看出东汉的统治者希望江山永继、子孙富贵生生不息的美好愿景。

图 370

图 371

图 372 的螭龙纹出廓玉璧于陕西省咸阳市周陵乡新庄村出土，现藏于咸阳市博物馆。直径 15.8cm、厚 0.7cm。玉呈淡黄色，玉色纯净。此玉璧下半部残缺，两面造型纹饰基本相同，内孔缘和外廓缘凸出，璧面浮雕排

列整齐的乳钉纹。出廊部分正中镂雕篆体"延年"二字，左右两侧各镂雕一只螭龙。螭龙面部、身躯、四肢、尾部均阴刻弧线或短平行细线。左侧螭龙肩有羽翅。见图373。

图 372

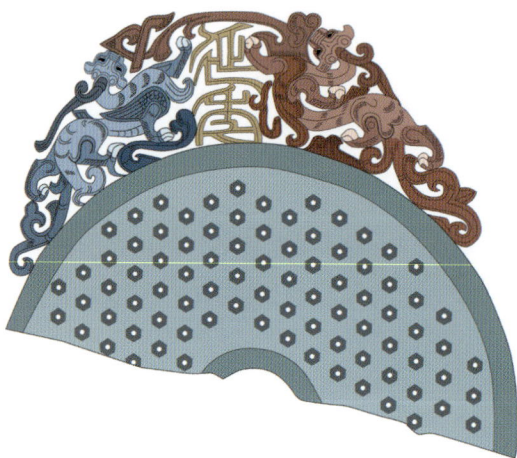

图 373

此璧为东汉时期制作，螭龙形态比起汉早期的龙形来要纤弱柔美得多，龙角和龙的卷尾变化出许多小弧形来，与云气纹装饰交错，显得华丽而优雅。立边进行了修饰，形成柔和的圆弧过渡。眼神也不再凶悍，而是多了几分可爱。身躯的 S 形线条更趋圆滑，更多的是柔美，而少了汉早期的力量。见图 374。

图 374

内圈的蒲纹制作饱满、规矩。其制作工艺精良，剔底及打磨工艺细致认真，但从艺术表现力来看，其中神韵正是从野性奔放、震慑四方的雄浑大气而转向细致优雅、富有尊贵的精雕细琢。这便是汉代玉器发展过程中风格变化的主线，也是其艺术表现形式方向的演变，更是汉代玉器神韵的脉络。通过分析把这些脉络理清楚，对于鉴赏及辨伪战汉玉器是很重要的。

图 375 的龙形玉佩于天津市蓟县西关墓葬出土，现藏于天津市文化遗产保护中心。长 8.2cm、高 3.1cm、厚 0.3cm。玉白色纯净，质地润泽。

图 375

龙回首而望，独角上竖前弯，双目以阴线刻画，周身阴线刻如意形纹，鼻头上卷。龙形玉佩为片状器，整体风格简洁明快，抛弃了繁缛的细节装饰，形成剪影化的独特效果，颇有趣味。见图 376。

鼻部
眼部
胡须
耳部
鬣部

图 376

综合来看，汉代早期的龙形玉器风格与战国时期很相近，玉器造型中龙的形象都很威严、凶悍、霸气，造型设计的气势也很博大雄浑，这应该与当时的社会状况有关。汉初政权初立，虽然江山一统，但毕竟新朝初立，有很多的不安定因素，因此要树立威望展示实力。故此，剽悍凶猛、崇尚力量及无所畏惧的情绪在龙形玉器中展示得淋漓尽致。经文景之治休养生息至汉武时期开疆拓土，统治者也空前自信，这时玉器上的龙形象也不仅仅是那种张扬的威严霸气，开始透着几分温和内敛之态。似乎在昭告天下，即便权势威严，也要有仁慈之心。同时，这一时期的玉器，玉质非常好，多为上好和田美玉，工艺精湛，雕琢技艺成熟。东汉玉器中的龙纹形象则更加温和，规整程度更讲究，多见出廓玉璧，且多有"宜子孙"、"长乐"、"延年"等镂空字样出现，一方面是持璧人对生活的祈福，另一方面，其也希望这些宝物为后世子孙带来富贵吉祥。龙肢的力量感没有了，取而代之的是绵软柔和的感觉，这也许是优裕的生活慢慢消磨了其强悍好斗的性格，而变得追求安逸。至此，这个玉文化史上的高峰期也逐渐开始回落。

总而言之，汉代龙纹玉器是王玉时代的典范，也是龙形于青年期的蜕变，迈步中年，日趋成熟，一飞冲天。汉代玉龙所展示的是唯我独尊的霸气、舍我其谁的勇气、胸怀天地四方的大气。正是这种气质令人敬仰和尊崇，也激励着龙的传人——中华儿女们不屈不挠、勇往直前地奋斗，继续创造更加辉煌的未来。

注：文中部分照片引自《中国玉器全集》（杨伯达著）、《中国出土玉器全集》（古方著）。描绘图均为原创图片。